"青少年互联网素养"丛书

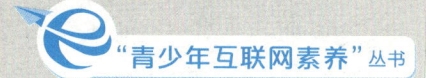

互联网传播
我的网络微平台

HULIANWANG CHUANBO:
WO DE WANGLUO WEI PNGTAI

主　编　■王仕勇　魏　静
副主编　■王文静　马逸凡　谢铭懿

西南师范大学出版社
国家一级出版社　全国百佳图书出版单位

图书在版编目（CIP）数据

互联网传播：我的网络微平台/王仕勇，魏静主编. -- 重庆：西南师范大学出版社，2021.6
（"青少年互联网素养"丛书）
ISBN 978-7-5697-0625-3

Ⅰ.①互… Ⅱ.①王…②魏… Ⅲ.①互联网络—传播媒介—青少年读物 Ⅳ.①G206.2-49

中国版本图书馆 CIP 数据核字 (2021) 第 002810 号

"青少年互联网素养"丛书
策　划：雷　刚　郑持军
总主编：王仕勇　高雪梅

互联网传播：我的网络微平台
HULIANWANG CHUANBO: WO DE WANGLUO WEI PINGTAI

主　编：王仕勇　魏　静　副主编：王文静　马逸凡　谢铭懿

责任编辑：时曼卿
责任校对：鲁　艺
装帧设计：张　晗
排　　版：重庆允在商务信息咨询有限公司
出版发行：西南师范大学出版社
　　　　　地址：重庆市北碚区天生路2号
　　　　　邮编：400715
　　　　　市场营销部电话：023-68868624
印　　刷：重庆市骏煌印务有限公司
幅面尺寸：170mm×240mm
印　　张：10.25
字　　数：160千字
版　　次：2021年6月　第1版
印　　次：2021年6月　第1次印刷
书　　号：ISBN 978-7-5697-0625-3
定　　价：35.00元

"青少年互联网素养"丛书编委会

策　划：雷　刚　郑持军
总主编：王仕勇　高雪梅

编　委（按拼音排序）

　　　　曹贵康　曹雨佳　陈贡芳
　　　　段　怡　阿海燕　高雪梅
　　　　赖俊芳　雷　刚　李萌萌
　　　　刘官青　刘　娴　吕厚超
　　　　马铃玉　马宪刚　孟育耀
　　　　王仕勇　魏　静　严梦瑶
　　　　余　欢　曾　珠　张成琳
　　　　郑持军

总 序

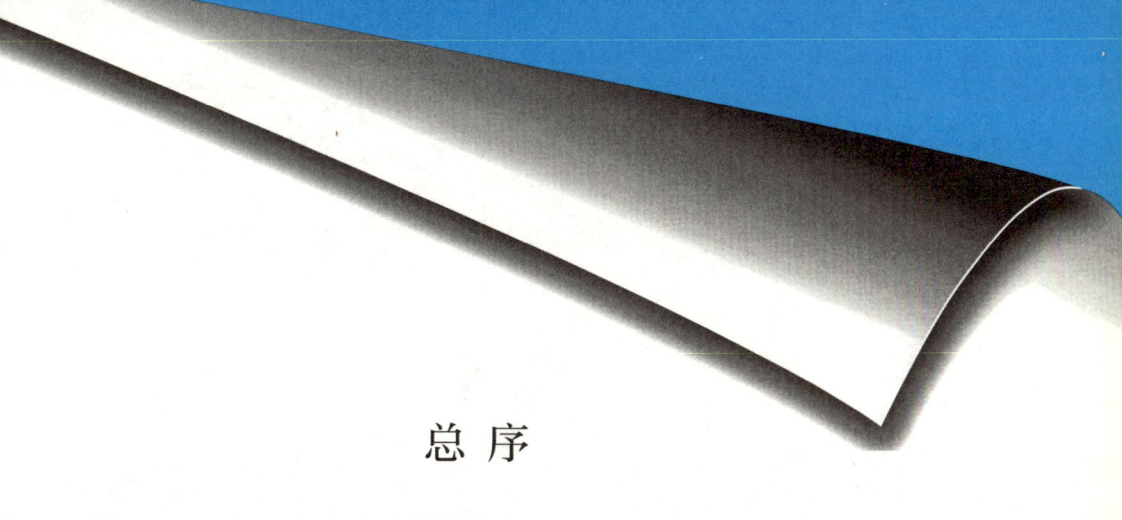

互联网素养：数字公民的成长必经路

在一个风起云涌、日新月异的科技革命时代，互联网已经深刻地改变了，并将继续改变整个世界，其意义无须再赘言。我们不禁想起梁启超一百多年前的《少年中国说》："少年智则国智，少年富则国富，少年强则国强，少年独立则国独立，少年自由则国自由，少年进步则国进步，少年胜于欧洲则国胜于欧洲，少年雄于地球则国雄于地球。"

今日之中国少年，恰逢互联网盛世，在互联网的包围下成长，汲取着互联网的乳液，其学习、生活乃至将来的工作，必定与互联网有着难分难解的关系。当然，兼容开放的互联网虚拟世界也不全是正面的，社会的种种负面的东西也渗透其中，如何取其精华而弃其糟粕，切实增进青少年的信息素养，已成为这个时代的紧迫课题。

互联网素养已成为未来公民生存的必备素养。正确认知互联网及互联网文化的本质，加速形成自觉、健全、成熟的互联网意识，自觉树立正面、健康、积极的互联网观，在学习、生活、交友和成长过程中迅速掌握互联网技巧，熟练运用互联网技能，自觉吸纳现代信息科技知识，助益个人成长，规避不良影响，培育互联网素养，成为合格的数字公民，已成为时代、国家和社会对广大青少年朋友们提出的要求。

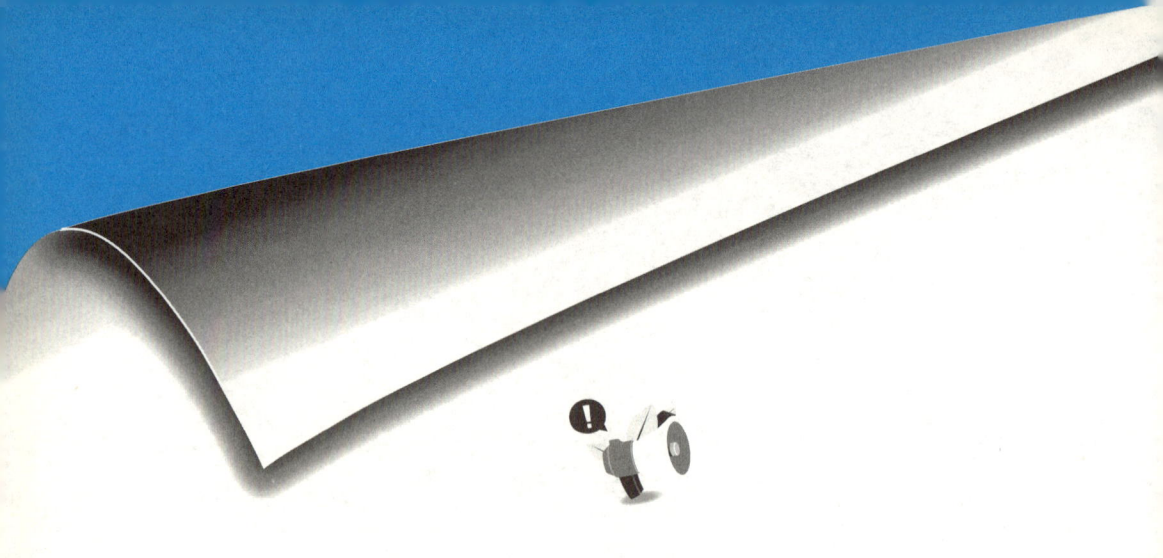

党和政府一直高度重视信息产业技术革命，高度重视青少年信息素养培育工作，高度重视营造良好的青少年互联网成长环境，不仅大力普及互联网技术，推动互联网与各行各业融合发展，而且将信息素养提升到了青少年核心素养的高度，并制定了《全国青少年网络文明公约》等法律规章，对青少年的互联网素养培育提出了殷切的希望。我们策划的这套丛书，正是响应时代、国家和社会的要求，将互联网素养与青少年成长相结合而组织编写的、成系列的青少年科普读物，包括了互联网简史、互联网安全、互联网文明、互联网心理、互联网创新创业、互联网学习、互联网交际、互联网传播、互联网文化多个方面主题。

少年强则国强，希望广大青少年朋友们能早日成为合格的数字公民，为建设网络强国，实现民族腾飞梦而贡献出自己的力量，愿广大青少年在互联网时代劈波斩浪！

雷 刚

写给青少年的一封信

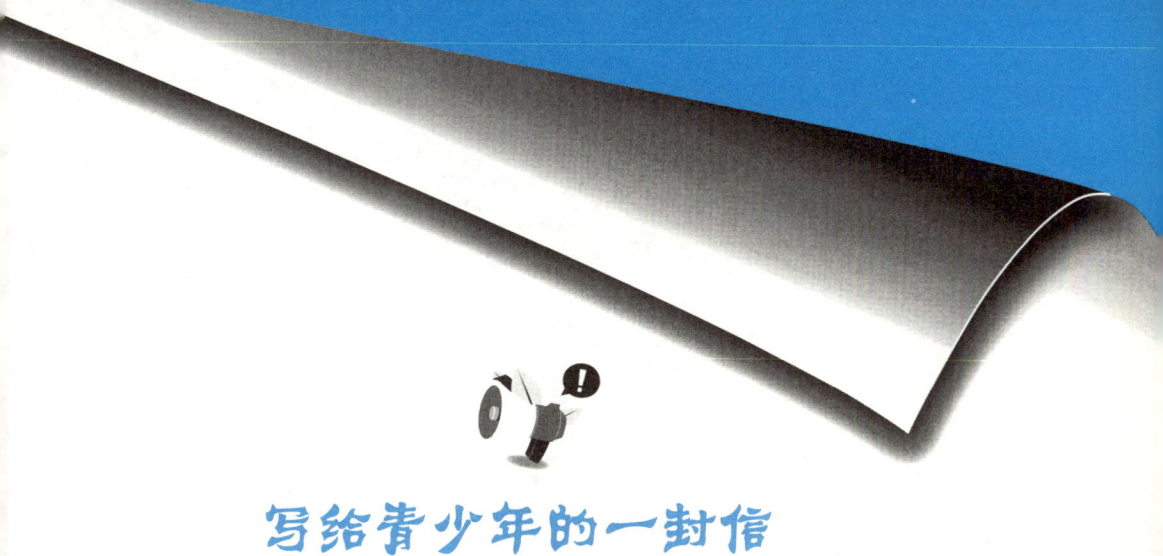

亲爱的同学：

你好！

随着互联网的发展和传播技术的提高，我们接收和传递信息的方式发生了巨大的变化。2020年9月发布的《青少年蓝皮书：中国未成年人互联网运用报告(2020)》显示，未成年人的互联网普及率已达99.2%，32.9%的小学生网民在学龄前就开始使用互联网。作为青少年的我们一出生就徜徉在数字化海洋里，既然是海洋，就会有暗流暗礁、风暴风浪，我们做好准备应对崭新的未来了吗？

作为一本互联网科普读物，本书图文并茂地介绍了什么是互联网传播，试图将"互联网传播"这一抽象概念以生动形象且便于理解的形式呈现于大家面前，旨在激发大家对互联网的探索热情，增进对互联网传播的了解，同时提高自身的网络素养，扣好"互联网外套"的"第一颗扣子"。

互联网传播涉及我们生活的方方面面，望大家在日常生活中用好互联网，传播真善美，做一名合格的数字公民！

本书编者

目 录

第一章 从结绳记事到发朋友圈 001
    第一节 从"8字舞"到驾驭语言 002
    第二节 从神话故事到数字化文字 011
    第三节 互联网让地球变成了"村落" 020

第二章 众声喧哗中如何"听清事实" 027
    第一节 平台太多怎么选,权威认证来帮忙 028
    第二节 所谓"官方"不一定靠谱 036
    第三节 对"杠精"和"键盘侠"说不 045

第三章 为个人信息安全扎紧防护网 053
    第一节 网瘾害人?手机不是背锅侠 054
    第二节 大数据发威,个人隐私须保护 062
    第三节 双重身份更要以身作则 070

第四章　把垃圾信息挡在生活之外　077

第一节　信息爆炸背后有隐忧　078

第二节　如何在海量信息中淘金　086

第三节　擦亮双眼智辨谣言　093

第五章　用好微平台，为青春加分　101

第一节　社交平台：交真正的好友　102

第二节　学习平台：让我们更优秀　110

第三节　娱乐平台：游戏也加正能量　117

第六章　互联网传播，比速度，更要比效果　127

第一节　互联网传播，正向效果很重要　128

第二节　用好互联网，技巧让传播能量增长　137

第三节　守护底线，传播好声音和正能量　144

第一章

从结绳记事到发朋友圈

凡是有物种和生命的地方就有信息的传播，信息的传播普遍地存在于自然界和人类社会。人类传播在动物传播的基础上发展而来，但又从本质上区别于动物传播，是自然界和人类社会长期发展的产物。要了解互联网时代的传播，就要了解人类传播的发展过程。

这一章，让我们从动物传播说起，一起走近人类传播的发展进程，看看我们是如何从结绳记事到发朋友圈的。

第一节 从"8字舞"到驾驭语言

一、聚焦

今年暑假，小玉和同学们在学校的组织下来到了乡下，开展为期一周的素质拓展活动，这还是小玉第一次来到乡下，她十分激动。一放下行李，小玉就和同学们分好组，准备商量这次拓展活动的研究题目。同学们各抒己见，但是讨论了半天也没能找到一个大家都感兴趣的题目，于是大家决定到周围转一转，看能不能找到一些灵感。

来到后山，小玉和同学们见到了许多平时没见过的野花野草，大家纷纷拿出手机记录美景，这时小玉发现不远的树上居然有个蜂巢，不少蜜蜂从蜂窝里进进出出十分忙碌，小玉也赶忙拿出手机想拍下蜜蜂勤劳采蜜的画面发到家庭群里给爸爸妈妈看看。拍了一会儿，小玉发现有些蜜蜂回到蜂巢前，会在蜂巢外面"跳舞"，仔细看，这些舞蹈姿势还很有规律，像在跳圆圈舞，小玉又惊喜又困惑，赶紧招呼大家过来看看，同学们有说这是蜜蜂在展示劳动成果，也有说这是蜜蜂在报进门暗号，一时争论不下。小玉赶忙打断

大家的争论："哎呀！我们还是用手机搜一下吧，看看网上有没有权威解释！"

小玉赶忙掏出手机搜索"蜜蜂跳舞"，这一搜果然出现了好多关于蜜蜂"8字舞"的信息。看完后小玉赶忙跟大家转述道："科学家研究发现，原来蜜蜂是靠侦察兵的舞蹈来传递信息的。蜜蜂是过群体生活的昆虫，大都住在木箱里，有的也住在墙洞和树洞里。每逢春暖花开的季节，一些做侦察工作的蜜蜂就飞出蜂巢外去寻找蜜源。当寻到蜜源时，它便吸上一点儿花粉飞回来。如果飞回来的蜜蜂先飞一个圆圈，然后转向一个方向，再飞一个圆圈，像圆圈舞，那么，这便是报告——在距离蜂巢50米以内的地方有食物。蜜蜂的舞蹈动作，不仅能报告花蜜距离蜂巢的远近，还能指示花蜜所在的方向。在蜂巢里的工蜂得知了侦察蜂带来的好消息，便按所指引的方向飞去，这样一传十，十传百，越来越多的蜜蜂都奔向蜜源，进行大量的采集工作。"

原来蜜蜂的舞蹈语言是传递信息的方式！这完全出乎大家的意料，没想到动物间传递信息的方式这么有意思。小玉灵光一闪："有了！要不我们这次的研究题目就往动物传递信息的方式这方面靠吧！"小玉说完同学们纷纷响应，都对这个题目充满了兴趣，于是同学们又开始头脑风暴起来：听说晚上这里能看见萤火虫，萤火虫发光是不是也是在传递信息呢？我们上次去动物园的时候看见孔雀开屏是不是也有什么特殊含义？蚂蚁又是怎么传递信息的呢……

这次素质拓展活动小玉和同学们从看见的蜜蜂"圆圈舞"入手，窥见了动物世界的秘密语言。信息的传递到底是什么时候开始的？动物到底还有哪些传递信息的方式？人类传递信息的起源又是从哪里开始的呢？我们是如何掌握语言的呢？下面我们就从动物传播现象说起，一起聊聊人类是如何开口说话的。

二、解析

- 动物世界的传播现象

信息的传播是自然界和人类社会的普遍现象，并不是人类社会特有

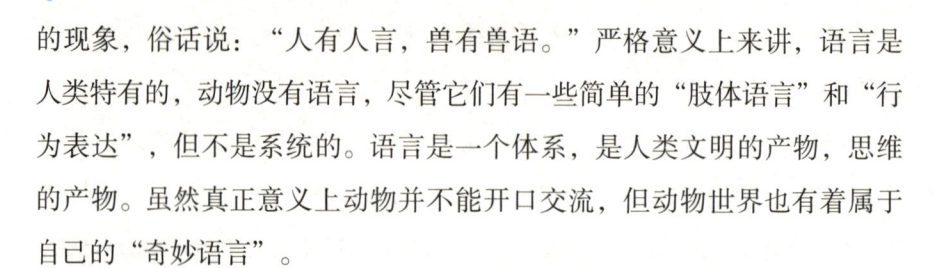

的现象，俗话说："人有人言，兽有兽语。"严格意义上来讲，语言是人类特有的，动物没有语言，尽管它们有一些简单的"肢体语言"和"行为表达"，但不是系统的。语言是一个体系，是人类文明的产物，思维的产物。虽然真正意义上动物并不能开口交流，但动物世界也有着属于自己的"奇妙语言"。

除了人类社会，动物世界也有着自己的传播现象，动物世界的信息传播现象也是丰富多彩的。每种动物都有一套独有的信息传递系统，它们传递和接受信息的方式也是多种多样的。根据现有的研究成果，动物传递信息的常见方式有以下几种。

声音语言。许多动物都会发出各种各样的声音，而这些声音逐渐演变为动物之间交流的信号——动物语言。例如蟋蟀能利用翅膀摩擦发出的像乐曲一般清脆动听的声音来表现它们的种种"感情"。当雌蟋蟀与异性相处时，声调柔和，犹如在窃窃私语；当独处一方时，它就发出高亢的强音来招引朋友。在大自然中，用声音来交流信息的动物很多。比如，许多鸟都有着清甜多变的歌喉，它们是大自然里出色的歌唱家。据说，全世界的鸟类语言共有两三千种之多，有些动物学家对鸟类的各种语言进行了研究，并编成了一本《鸟类语言学辞典》。这本辞典是很有用处的。举个例说，飞鸟对飞机是个很大的威胁，因为飞鸟虽小，却能像子弹一样击穿飞行中的飞机，使飞机坠毁。有的机场设立了鸟语广播台，播送鸟类的惊恐叫声，以便驱散它们，使飞机安全起飞和降落。

色彩语言。雄孔雀以华丽夺目的羽毛著称于世。雄孔雀之所以常在春末夏初开屏，是因为它没有清甜动听的歌喉，只好凭着一身艳丽的羽毛，尤其是那迷人的尾羽来向它的"对象"炫耀雄姿。现在已经知道，善于运用色彩语言的动物不光有鸟类，爬行类、鱼类、两栖类甚至连蜻蜓、蝴蝶等昆虫也都会充分利用色彩。

气味语言。有些动物常常以特殊的气味（信息素）来达到引诱异性、追踪目标、鉴别敌友、发出警报、标明地点、集合或分散群体等目的。这种气味也算是一种语言。例如蜂王通过分泌一种唾液产生的气味招引工蜂来为自己服务；雌蛾发出的气味能引诱距离很远的雄蛾；蚂蚁利用味觉和嗅觉彼此进行联系，识别同窝伙伴。运用气味语言的绝非只有昆虫，鱼类和某些兽类也有这种本领。有些雄兽（如鹿和羚羊）在生殖季节，能用特殊气味的物质进行"圈地"行为，借以警告它的同伙："有我在此，你须回避。"

行为语言。动物还会运用各种不同的行为来表达它们的意思，这也是一种无声的语言。例如在发生危险时，长颈鹿会用猛烈的惊跑来向同伴拉响警报；野猪在平时总是把尾巴转来转去，但一旦觉察到有危险时，就会扬起尾巴，在尾尖上打个小卷儿给同伴报警；蜜蜂在发现蜜源以后，就会用特别的"舞蹈"方式（如"8"字舞），向同伴通报蜜源的远近和方向。蜜蜂的行为语言可谓是登峰造极，它能用独特的舞蹈动作向自己的伙伴报告食物（蜜源）的方向和距离。蜜源的距离不同，蜜蜂在一定时间内完成的舞蹈次数也不一样。

超声语言。螽斯，一种害虫，身体呈绿色或褐色，善跳跃，吃农作物。雄螽斯前翅有发声器，颤动翅膀能发声。蟋蟀、蝗虫和老鼠等，也是用超声波进行交流的。海豚的超声语言是颇为复杂的，它们能交流情况，展开讨论，共商大计。1962年，有人曾记录了一群海豚遇到障碍物时的情景：先是一只海豚"挺身而出"，侦察了一番；其他海豚听了侦察报告后，便展开了热烈讨论；半小时后，意见统一了——障碍物中没有危险，不必担忧，于是它们就穿游了过去。

- 劳动创造了语言

尽管动物世界有着丰富多彩的信息传播方式，但是其复杂程度和人类的语言远远无法相比。即便是和我们在基因上的相似度高达 99% 的黑猩猩也是如此，它们也有社交活动，同伴间也会吵架拌嘴，也会哭闹嬉戏，但是它们并没有像人类一样可以用来彼此交流的语言。人类语言的起源问题一直困扰着我们，因为音声语言是一种转瞬即逝的东西，也不存在语言"化石"这样的事物，因此很难准确地判断语言到底是在什么时代出现。但是语言学家仍旧对人类语言的起源做出了种种推测：第一种认为语言是人类在模仿自然界的声音而逐渐形成的（如犬吠、风声、雷鸣等）；第二种认为语言是在人类表达情感的需要中偶然产生的；第三种认为语言是由人们欢庆事件的歌声中逐渐演变而来的；第四种认为语言是从人类用力时发出的类似的吃喝声演变而来的。这些推测或许都有一定道理，但是我们已经无从考证。

　　人类语言的起源或许难以考证，但是语言产生的根本动力是什么？换句话说，到底是什么力量推动人类掌握了语言？马克思主义唯物史观给出了答案——劳动。达尔文进化论告诉我们，人类是由高度社会化的动物类人猿进化而来的。从猿到人，语言的产生就是这巨大转变的根本性标志。在语言产生之前，我们的祖先经历了漫长的原始时代，我们的祖先在逐渐"人化"的过程中不仅学会了直立行走，还学会了制造工具，由于环境和生活方式的改变，我们的早期先祖在与大自然的斗争中习惯了直立行走，解放了双手，手变得自由后便在劳动中不断获取了新的技能。人类的双手不仅能制造工具、创造财富，还能创造精神财富，进行传播活动。随着原始部落的产生，我们的祖先开始聚居并通过狩猎、采

集等方式来获取食物，他们需要相互支持和协作的场合越来越多，也逐渐意识到这种共同协作的好处，他们已经到了"不得不说些什么"的地步。正是因为劳动中相互协作对语言的需要促进了早期人类发音器官的进化和发展，经过漫长的岁月，终于出现了真正意义上的语言。

三、声音

- 动物传播的局限性

尽管每种动物都有着属于自己物种的信息传播系统，但是和人类的信息传播系统仍有着本质的区别。这是因为，一方面动物的信息传播是一种先天的本能反应，更多的是依靠体内的遗传信息，而不是靠后天系统的学习；另一方面，动物接受和传递信息更多的是出于条件反射，而没有经过复杂的思维活动。总的来说，动物的传播是对自然界的一种被动的适应，不能对自然界进行主观能动的改造。

黑猩猩与人类在基因上的相似度高达99%，可谓是和人类最亲近的物种了，它们会不会是最有可能学会人类语言的物种呢？早在20世纪50年代，就有人做过教黑猩猩说话的实验。1951年，美国的海斯夫妇收养了一只名为维基的雌黑猩猩，将它与自己刚出生的婴儿一起抚养，给予他们同样的关爱和学习语言的机会。然而，结果让人失望。海斯夫妇抚养的小黑猩猩维基只学会了五六个词，并且发音含混不清。更糟的是，黑猩猩不但没有向人类学习，反而教坏了人类的孩子。因为黑猩猩远比人类婴儿发育成熟得快，没多久它就开始调皮捣蛋，给海斯的孩子做出了坏榜样。最后，海斯夫妇只得放弃这一实验。大家也渐渐明白黑猩猩不可能学会说话，因为它们没有人类的发音器官，无法发出人类的语言。要想发出人类的语言，喉咙位置要够深，这样鼻子和嘴巴后面的共鸣室才有较大空间，同时还要精准地控制声带的震动。而黑猩猩并不具备这种关键的发音器官。人们为训练猩猩使用语言付出了很多努力，但他们仅限于教会猩猩两三个单词的简单句，相当于两岁人类儿童的水平。尽管某些黑猩猩表现出卓越的语言理解能力，但它只能索要东西，执行指令，用一个词正确回答具有复杂逻辑关系的问题，他并不能像两岁的人类儿童那样毫不费劲地自己主动开口说话。

• 独一无二的人类语言

在漫长的历史长河中，有数以万计的生物物种灭绝和消失，但是人类却在复杂的自然环境的变迁中繁衍生息，这得益于人类社会的高度社会化和独一无二的信息传播系统，人类能将对自然环境的认识总结成经验、知识，用语言、文字等形式加以记录、保存和传承，并通过累积和学习把这些信息教授给后代。人类和许多动物都能大喊警示同伴："小心！有狮子！"但是人类还能用语言表达："狮子是我们部落的守护神。"人类语言真正的最独特的功能，并不在于能够传达关于人或狮子的信息，而是能够传达关于一些根本不存在的事物的信息。据我们所知，人类能够表达关于从来没有看过、碰过、耳闻过的事物，还可以讲得煞有其事，传说、神话、神以及宗教也应运而生。人类语言区别于动物界信号系统的最根本特征是能动性和创造性，人类语言从诞生之初就展现出了无穷的创造力，人类不断地创造出新词汇、新概念和新的表达方式。人类不仅创造出了自己的生活语言，还创造了艺术语言、科学语言、计算机语言、手语等。我们用语言不仅可以表述现在正在发生的事，还能表述过去发生过和未来将会发生的事；我们不仅可以表述身边眼前的事物，还能表述遥远空间的事物；我们在表述内容上也几乎没有任何限制，我们可以表述具体的也可以表述抽象的事物，极具灵活性；我们的语言以有限的几十种元音辅音，配合声调变化就能组合成数十万的单词……总而言之，人类的语言是一种效率极高的信息传播方式，是独一无二的存在。

根据德国语言学家在1979年的统计，当时世界上已经查明的语言有5651种，有个学者说："我的印象中感觉有几千种，具体多少也说不清，就去查资料，还真说不清。一般大概说当今世界拥有60亿人口，200多个国家和地区，2500多个民族，五六千种语言。"法国科学院推定为2796种；国际辅助语协会估计有2500至3500种语言。世界上究竟有种多少语言？美国杂志《纽约客》统计后说有"成百上千"种；《大不列颠百科全书》称有"近千种"。迄今比较精确的统计数字来自人类学家，他们通过民族研究发现世界语言有6809种。其中，亚洲是世界语言种类最多的地区，达2197种，非洲其次，2058种，太平洋诸岛1311种，美洲1013种，欧洲则只有230种。中国是一个多民族、多语言、多方言的发展中国家，共有八十余种民族语言，三十余种文字。这6809种语言的统计数字，真有这么精确吗？很多研究者并不这么认为，"你数得清世界上有多少种面包吗？数字每天都在变。"宾夕法尼亚斯沃斯摩尔学院的大卫·哈瑞森和德国迈克斯·普兰克研究院的克兰克·安德森的最新调查发现，世界语言的数量瞬息万变，确切的数字只能描述为"比上个月少"。

四、拓展

世界上怎么会有这么多种语言呢？有这样一个小故事：在世界分化前，人类之间只存在一种文字和语言。为了防止洪水再次来临时无处可躲，同时为了扬名于世，先人们开始着手建造一座能通天的巨塔。这种做法违背了上帝的意愿，于是他弄乱了建造者之间的语言，使得他们无法沟通。失去了沟通的能力，这项必须依靠大家齐心协力才能完成的浩大工程最终夭折。为什么我们有着语言这样一种高效的信息传递方式，处于同一个社会下，有时沟通却越来越难了呢？这里给大家推荐一部电影《通天塔（巴别塔）》，大家可以抽空看看，也可以和小伙伴们讨论一下自己看完这部

电影的感想。

　　北非摩洛哥境内，黑人兄弟俩正无忧无虑地放着羊，而他们手上拿着的，是父亲买给他们打狼护羊的一把猎枪。可兄弟俩少不更事，拿远处驶来的旅游巴士当靶子打赌射击。

　　此车坐满了来自世界各地的游客，其中一对是美国夫妇理查德与苏珊。他们来荒凉的非洲旅游完全是为了挽救他们濒临崩溃的婚姻，只留下心爱的孩子在美国由墨西哥保姆照顾。在经过了反复的争论以及内心的挣扎之后，两人依然摆脱不了怅惘的心结，正搭巴士奔向下一个目的地。不料悲剧突然降临，一颗子弹穿过车窗，击中了妻子。为了挽救爱人危在旦夕的生命，理查德千方百计四处求救，怎奈人生地疏、语言不通，任何一件简单的情况解释起来都遇到重重障碍。美国政府很快得知消息，立即展开外交求援；当地的警察也迅速发现了肇事的父子，将三人包围在山坡。

　　与此同时，远在美国家中的墨西哥保姆很想在离家长达9年之后回去参加儿子的婚礼。于是，她说服侄子陪她带着理查德的两个美国小孩儿同回墨西哥。在参加完婚礼的归途中，由于人种与肤色以及语言不通等原因，他们被警察当成绑架孩子的嫌犯而遭追捕，继而又与小孩失散。

　　语言的产生无疑是人类传播进程中的一座里程碑，语言给我们带来了文明，也给我们带来了困扰。我们生活在这样的时代：幸福难以满足，欲望难以控制。我们坐在电脑前，敲着键盘，看着世界的变化，通过任何一种社交软件寻找聊天对象。语言、空间，甚至时间，都不再是障碍。别人的喜怒哀乐都在指尖的轻轻滑动中成为消遣，看似热闹，实则冷漠。沟通，这个人类之间传递感情最直接的方法，并不是能说同样的语言就可以做得好，更需要我们用心灵去传递。

第二节　从神话故事到数字化文字

一、聚焦

从人类诞生之初，信息的传递就从未停止过。人类传递信息也从口口相传、图文记载等方式发展到现在的数字化方式，我们仍可以通过信息传播的方式跨越时空去窥探当时的社会群体关系及社会形态。下面就让我们通过几种具有代表性的信息传递方式去了解人类的信息传播发展进程。

结绳记事

结绳记事是远古时代人类摆脱时空限制记录事实、进行传播的手段之一，它产生在语言产生以后、文字出现之前的漫长年代里。为了捕猎或劳作，原始人逐渐形成了"协作"的精神，要想让"协作"更加顺利并达到预期目标，他们就必须要通过简单的交流，才能最终实现与大自然抗争的目的。在这个过程中原始人开启了"语言"交流时代。但由于"语言"既不能保存，也很容易忘记或在沟通不畅时出现接收或理解错误的情况，这样不仅会影响"协作"效率，同时还很可能导致失败。为了能让沟通更加顺畅，或者避免遗忘，于是就产生了最原始的"记事"方法——"结绳记事"。在一些部落里，为了把本部落的风俗传统和传说以及重大事件记录下来，流传下去，使用不同粗细的绳子，在上面结

成不同距离的结，结又有大有小，每种结法、距离大小以及绳子粗细表示不同的意思，由专人（一般是酋长或巫师）遵循一定规则记录，并代代相传。

烽火狼烟

邮驿与烽火台通信，都源于古时国家在政治和军事方面应对通信的需要。据历史记载，在两千七百年前的周幽王时代，就有了利用烽火台通信的方法。关于烽火通信有个叫"千金一笑"的故事。故事的大意是说：周幽王有个爱妃褒姒，她虽长得很美，但轻易不笑。为此，周幽王想出了一个办法："谁要能叫娘娘一笑，就赏他千金。"于是有人想出了一个点起烽火戏诸侯的办法，想换取娘娘一笑。一天傍晚，周幽王带着爱妃褒姒登上城楼，命令四下点起烽火。临近的诸侯看到了烽火，以为西戎（当时西方的一个部族）来犯，便领兵赶到城下救援，但见灯火辉煌，鼓乐喧天。一打听才知是周幽王为了取乐娘娘而干的，各诸侯敢怒不敢言，只好气愤地收兵回营。褒姒见状，果然淡然一笑。但事隔不久，西戎果真来犯，虽然点起了烽火，却无援兵赶到。原来各诸侯以为周幽王又是故技重演。结果被西戎攻下城堡，杀了周幽王，从此灭了西周。这个历史故事不仅生动地描绘了当时利用烽火台通信的状况，同时也告诫后人，不论是什么人和什么时候，都不能拿通信当儿戏。

鸿雁传书

鸿雁传书的典故，出自《史记》"苏武牧羊"。据载，汉武帝天汉元年（公元前100年），汉朝使臣苏武出使匈奴被扣留，他英勇不屈，匈奴单于便将他流放到北海（今贝加尔湖）无人区牧羊。19年后，汉昭帝继位，汉匈和好，结为姻亲。汉朝派使者要求放苏武回去，但匈奴单于谎称苏武已经死去。之后，汉昭帝又派使节到匈奴，和苏武一齐出使匈奴并被扣留的副使常惠，通过禁卒的帮忙，在一天晚上秘密会见了汉使，把苏武的状况告诉了汉使。并想出一计，让汉使对单于讲："汉朝天子在上林苑打猎时，射到一只大雁，足上系着一封写在帛上的信，上面写着苏武没死，而是在一个大泽中。"汉使听后十分高兴。就按照常惠的话来责问单于。单于听后大为惊奇，却又无法抵赖，只好把苏武放回。

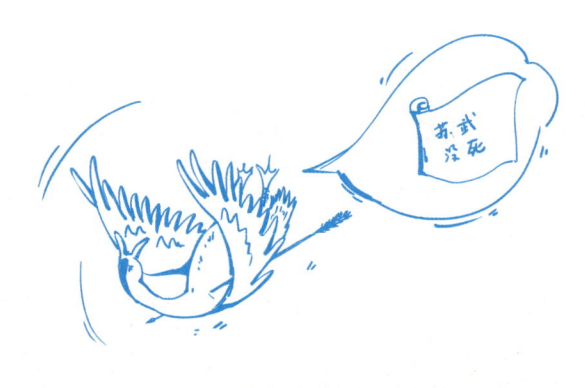

旗语

在 15～16 世纪，舰队司令靠发炮或扬帆做训令，指挥属下的舰只。1777 年，英国的美洲舰队司令豪上将印了一本信号手册，成为第一个编写信号书的人。之后海军上将波帕姆爵士用一些旗子做"速记"字母，创立了一套完整的旗语字母。1805 年，纳尔逊勋爵指挥特拉法加之役时在阵亡前发出的最后信号是波帕姆旗语第 16 号："驶近敌人，近距离作战。"1817 年，英国海军马利埃特上校编出第一本国际承认的信号码。航海信号旗共有 40 面，包括 26 面字母旗，10 面数字旗，3 面代用旗和 1 面回答旗。旗的形状各异，有燕尾形、长方形、梯形、三角形等。旗的色彩和图案也各不相同。旗号通信的优点是十分简便，在进行旗号通信时，能够把信号旗单独或组合起来使用，表示不同的意思。通常悬挂单面旗表示最紧急、最重要或最常用的资料。例如，悬挂 A 字母旗，表示"我船下面有潜水员，请速远离我船"；悬挂 O 字母旗，表示有人落水；悬挂 W 字母旗，表示"我船需要医疗援助"；等等。

信息传播方式总是带着时代的气息，尽管随着时间的推移，一些传播方式已被我们遗忘，但是这并不能说明它们已经过时甚至被取代，我们生活中的传播方式是丰富多彩的，下面我们就从头说起，看看人类的传播经历了哪些阶段，是如何一步步从口语传播到以网络为代表的新媒

体传播的。

二、解析

• 人类传播经历了哪些发展阶段

口语传播时代。口语传播是人类传播活动的第一个发展阶段，这一阶段为人类开口说话到用手写字这一漫长时期。口语的产生大大加速了人类社会进化和发展的进程，直到今天，口语依然是人类最基本、最常用和最灵活的传播手段之一。当然，作为音声符号的口语是有其局限性的，因为口语是靠人体的发声功能传递信息的，由于人体能量的限制，口语只能在很近的距离内传递和交流，口语使用的声音符号是一种转瞬即逝的事物，记录性较差，口语信息的保存和积累只能依赖于人脑的记忆力。因此，口语受到空间和时间的巨大限制，在没有诸如电话等媒介的情况下，它只能适用于较小规模的近距离社会群体或部落内的信息传播。因此，即使在以口语传播为主的时代，口语也不是唯一的传播手段。为了适应越来越复杂的社会生活和越来越大的环境空间，人类不断发明和采用一些早期的体外化媒介，如结绳记事、燃放烟火等。

文字传播时代。文字是人类传播发展史上的第二座重大里程碑。文字的出现使人类进入了一个更高的文明发展阶段。文字克服了音声语言转瞬即逝的缺点，能把信息长久保存下来，人类的知识、经验的积累、储存不再单纯地依赖人脑的有限记忆力；文字能把信息传递到遥远的地方，打破音声语言的距离限制，扩展了人类的交流和社会活动的空间。文字发明的重要意义表现在它使人类的传播在时间和空间两个维度都发生了重大变革。作为人类掌握的第一套体外化符号系统，文字的产生也大大加速了人类利用体外化媒介系统的进程。以文字为核心的体外化信息系统的形成和扩展，大大地推进了各地区的经济、政治和文化交流和融合。

印刷传播时代。文字出现以后，人类经历了一个很长的手抄传播阶段。但是手抄传播效率低、规模小、成本高。一部书抄写多册，便要耗费大量时日和人力。由于当时文字信息的生产规模小，加上教育的普及程度低，文字传播基本上还属于统治阶层的特权。这种情况，直到印刷时代到来之后才有了改变。15世纪40年代，德国工匠古登堡发明了金属活字印刷术，并把造酒用的压榨机改装成印刷机，使文字信息的机械化生产和大量复制成为可能，标志着印刷时代的新纪元。经过欧洲工业革命的推动，印刷技术不断革新，迅速进入机械动力和电力生产的阶段。印刷机的出现迎来了近代报刊的诞生，伴随着读写能力的普及，印刷媒介开始在社会变革和社会生活中扮演越来越重要的角色。如今，印刷媒介已经高度普及，书籍、报纸、杂志等出版物作为人们每天获得信息、知识、娱乐的基本渠道之一，在社会生活的各个领域都发挥着重大的影响。

电子传播时代。伴随着电报、电话、广播、电视、录音、录像、计算机、卫星等电子媒体的出现，人类传播进入了电子传播时代。电子传播技术的发展使人类进入了一个全新的、前所未有的信息社会。电子传播的重要意义表现在：实现了信息的远距离快速传输，电子通信工具的出现使得距离不再成为人类沟通信息的严重阻碍；它形成了人类体外化的声音信息系统和体外化的影像信息系统。随着摄影、录音和录像技术的进步，人类不但实现了声音和影像信息的大量复制和传播，并且实现了它们的历史保存。它们使人类知识经验的积累和文化传承的效率和质量产生了质的飞跃；电子技术的发展还推动了计算机的诞生，电脑开始执行人脑的部分功能，这意味着人的大脑这一信息处理中枢也开始了体外化的进程。

网络传播时代。网络媒介打破了空间与时间的限制，是人类中枢神经的延伸。高强度的互动性与无界性促进了"地球村"的形成，使人与人间的关系更为紧密。但在某种意义上，网络媒介模糊了虚拟与现实间的界限，我们经常能看到这样的现象，某个事件在现实社会中没能引发太多关注，但是当有人将这些

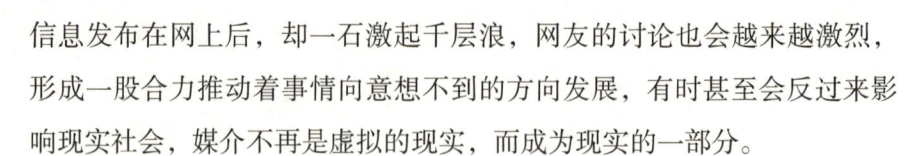

信息发布在网上后，却一石激起千层浪，网友的讨论也会越来越激烈，形成一股合力推动着事情向意想不到的方向发展，有时甚至会反过来影响现实社会，媒介不再是虚拟的现实，而成为现实的一部分。

值得我们注意的是，人类传播的发展进程并不是简单的媒介替代关系，不是依次取代的过程，而是一个依次叠加的进程。这个过程，是人类使用的传播媒介不断丰富的过程，也是社会信息系统不断发达、不断趋于复杂化的过程。

三、声音

• 电子媒介的发展在人类传播史上的里程碑意义

电子媒介为人类传播带来的变革并不仅仅是空间和速度上的突破。从人类社会信息系统发展的角度来看，电子媒介还在另外三个方面具有里程碑式的意义：

第一，它形成了人类体外化的声音信息系统和体外化的影像信息系统。过去，无论是声音还是影像，其本身都不具有复制性和记录性，以至于考古学家无法找到它们的"化石"。电子媒介出现以后就不同了，随着摄影、录音和录像技术的进步，人类不但实现了声音和影像信息的大量复制和大量传播，而且实现了它们的历史保存。我们今天考察古代社会时，只能根据文字记录或考古发现进行想象和推测，而当千百年后的人们研究我们这个时代时，则可以直接聆听和观察到我们这个时代的方方面面。这两个体外化信息系统的形成，使人类文化的传承内容更加丰富，感觉更加直观，依据更加可靠。一句话，它们使人类知识经验的积累和文化传承的效率和质量产生了新的飞跃。

第二，电子技术的发展推动了计算机的诞生，电脑开始执行人脑的部分功能。电脑兼有信息处理、记忆和传输功能，其信息处理的速度快、精度高，记忆也比人脑更加牢靠和准确。电脑的出现，意味着人的大脑这一信息处理中枢也开始了体外化的进程，这个革命性变革为人类传播所开创的可能性是无限的，其意义怎么评价都不为过。

第三，电子技术的发展特别是数字技术的发展，开创了人类传播媒介大融合的时代。过去，无论是报纸、书籍、电话还是传统的广播电视，其功能都是单一的，相互之间缺少兼容和连接。数字技术则把分散发展的文字、音声、画面、影像媒介都整合到一个有机互联的传播系统中，迎来了多媒体传播的新时代。

- 媒介的进化与社会发展的关系

媒介的进化对社会发展具有重要的意义。根据加拿大传播学者麦克卢汉的观点，媒介即讯息。这是指在人类漫长的历史发展过程中，真正有价值的讯息不是各个时代具体的传播内容，而是这个时代所使用的传播工具的性质及其开创的可能性，因此，媒介是社会发展的基本动力，每一种新的媒介的产生都开创了人类交往和社会发展的新方式，媒介和媒介技术也是社会生产力的重要内容，所以从其本身来讲，它的进化也是社会发展的一个显著标志。特别是在信息社会里，媒介的发展对社会的进步有着更为深刻而直接的促动，由于媒介的信息传播活动更为丰富复杂，使信息和知识产业在整个社会中占据主导地位，从而优化社会经济结构，社会经济的主体由制造业转向以高科技为核心的第三产业。媒介是社会发展的基本动力，每一种新的媒介的产生都开创了人类交往和社会生活的新方式。媒介的极大丰富和信息系统的发达，进一步增加了信息和信息传播在社会发展中的重要性，如果我们把媒介和媒介技术理解为社会生产力的重要内容，那么媒介的进步对社会变革的巨大影响是无可否认的。

- 我们该如何正确使用媒介

随着以手机为代表的移动上网设备的快速普及，互联网已经成为当前我们重要的学习工具、沟通桥梁和娱乐平台，据《新媒体时代家庭媒介素养认知现状调查报告》显示，自2018年底，我国未成年网民规模为1.69亿，其中未成年人的互联网普及率达到93.7%。上网的电子设备从早到晚与我们形影不离：我们中的很多人一起床就开始刷新自己的社交媒体页面，还有些人时常用手机上着网便睡着了。我们该如何正确使用这些新兴的媒介，趋利避害，真正享受技术发展给我们带来的红利呢？

避免长时间使用单一媒介。我们被网络环境本身的互联性、共享性、开放性、复杂性和动态性等鲜明特点所吸引。网络信息的丰富与便捷，不仅缩短了求知的路径和时间，还降低了知识获取的成本，接收网络信息已成为我们寻求知识的主要手段之一。网络信息给我们生活学习带来便利的同时，也给我们带来很多困扰，在面对浩如烟海的网络信息时感到无所适从。我们对于网络信息进行合理应用的能力较弱，在接收网络信息时仅选择自己感兴趣的信息。网络媒体为了我们的关注，会针对我们的兴趣和特点来提供相应的信息，这样无疑进一步强化了我们原本固有的喜好。单一地关注自己感兴趣的网络信息和网络论坛，和更多与自己有相似兴趣爱好的人交流互动，逐渐给自己"画地为牢"，使得个人和群体变得更加极化，错失了与其他人进行思想碰撞的机会。

合理控制使用时间。我们要科学安排使用手机、平板等智能设备的时间，使用前最好要有一个明确的目标，把具体要完成的工作列在纸上，有针对性地浏览信息，选择和取舍信息。同时，要控制上网时间。自制力差的同学，应设定强制关机时间，准时下网。同时有意识地从事其他一些休闲娱乐内容，如跑步、游泳、打球、爬山、下棋等，以期转移注意力，减少对智能设备的依赖。

四、拓展

有人戏称我们青少年为"数字原生代"，中年人为"数字移民"，老年人为"数字难民"。一旁是巨大的互联网、信息化大餐，我们大快朵颐，尽享信息化所赋予的一切便利；而另一旁，"银发一族"的爷爷奶奶还有点云里雾里吃不消。因为有一条无形的鸿沟——数字鸿沟——将我们隔开了。数字鸿沟，是指在全球数字化进程中，不同国家、地区、行业、企业、社区之间，由于对信息、网络技术的拥有程度、应用程度以及创新能力的差别而造成的信息落差及贫富进一步两极分化的趋势，不同人群对信息、技术拥有程度、应用程度和创新能力差异造成的社会分化。我们不能只顾自己享受互联网时代的红利，也要陪伴爷爷奶奶跨越"数字鸿沟"，下面就让我们组织一场课外活动——"爷爷奶奶，我来陪您玩手机"。

游戏名称： 爷爷奶奶，我来陪您玩手机。

任务内容： 让爷爷奶奶用手机叫一次网约车、完成一次网购、在手机上完成水电气费的缴纳。

游戏规则： 限时一周，看谁能最先教会爷爷奶奶独自完成上述任务。

生于这个数字化时代的我们是幸福的，我们可以在网络课堂中与老师同学互动，可以在朋友圈、QQ空间记录每天的趣事，可以在社交媒体上与自己的偶像互动，可以在各个论坛与自己志趣相投的小伙伴畅聊未来……但是我们也要记得努力经营自己的现实生活，懂得把握虚拟和现实的界限，也要记得让爷爷奶奶和更多身边的人享受数字化时代的红利。

第三节　互联网让地球变成了"村落"

一、聚焦

在互联网普及之前，电视、广播、报纸等传统媒体是我们了解世界的窗口，但是因为播出时长和版面的限制，我们所看到的内容是经过加工和筛选的，能了解的内容和范围也是有限的。互联网时代把我们所有人的距离都拉得前所未有的近，这不，小方家最近就来了一位特殊的客人——沙发客。

这天，小方刚回家就发现哥哥正在做大扫除，这可是难得一见的场景。小方惊奇之余赶紧问妈妈是什么情况。妈妈告诉小方，哥哥在网上认识的一位外国朋友要来家里做客。小方知道哥哥非常喜欢旅游，但是还没听哥哥详细说过他旅途中发生过的事情。借着这次机会，小方跟哥哥聊起了他旅途中的趣事。小方的哥哥是大学生，在大三时作为交换生到法国留学，作为旅行发烧友的他当然不会错过游历欧洲的大好机会。在一个法国朋友的介绍下他加入了"沙发冲浪网"，一个人背着包用50天的时间周游欧洲。他几乎没住旅馆，全靠"蹭沙发"。从布达佩斯到阿尔卑斯山，再到维也纳，他睡过单独的房间，享用过丰盛的地方特色晚餐，也曾在别人家地板上打过地铺躺过睡袋。

"第一次是去布达佩斯，接待我的是一对新婚夫妇，英语讲得很一般，但是非常热情。我午夜到机场，他们开车来接我，还义务做我的导游。"回忆起当时的情景，小方的哥哥滔滔不绝。"我和一个意大利朋友在网上认识了一个奥地利房主。到维也纳第一天,房主直接把家里的钥匙给了我们,我很吃惊。他在音乐厅工作,送了两张维也纳音乐会门票给我们,免费的!"哥哥告诉小方:"我在外面旅行的时候得到了这么多的帮助和信任,我也愿意把我家借给客人住两天,我跟爸妈商量了很久,也征得了他们的同意。这次是两个德国男孩,在网上留言跟我说想来中国。"

小方只知道跟团游和自驾游,没想到还有这种旅行的方式,小方也没想到哥哥能交到这么多外国朋友。哥哥笑道:"现在互联网这么方便,地球就像一个小村子,通过网络我们可以交到世界各地的朋友,可以和世界各地的人分享自己的旅行攻略。"小方越听越激动:"真的吗?那我也可以去当背包沙发客看遍世界的风景吗?"

小方哥哥说:"旅行不仅仅是看风景,最重要的是结识朋友和了解他国文化。你还太小,还需要积累很多知识和经验,等你上大学了如果还有兴趣,我们就一起去!当然,也不是说'沙发客'这种旅行方式就特别好,我也遇到过郁闷的事,在意大利撒丁岛,我们约好了房主,最后那个人没出现。因为旅游旺季,旅馆临时订非常困难,我们差点儿睡马路了。"

小方的哥哥通过网络交到了世界各地的朋友,随着互联网的飞速发展,我们可以利用网络完成的事越来越多,人与人之间的时空距离变得越来越短,地球变成了"村落"。"地球村"是如何形成的?互联网传播到底有着怎样的魅力?下面我们就一起聊聊"地球村"和互联网传播。

二、解析

• 什么是"地球村"

"地球村"(global village) 这一词是加拿大传播学家麦克卢汉 1967 年在他的《理解媒介——论人的延伸》一书中首次提出的。

随着广播、电视、互联网和其他电子媒介的出现，随着各种现代交通方式的飞速发展，人与人之间的时空距离骤然缩短，整个世界紧缩成一个"村落"。麦克卢汉对现代传播媒介的分析深刻地改变了人们，特别是当代青年人对20世纪以及21世纪生活的观念，他所预言的地球村在今天的社会已经变成了现实。在麦克卢汉看来，"地球村"的主要含义不是指发达的传媒使地球变小了，而是指人们的交往方式以及人的社会和文化形态发生了重大变化。交通工具的发达曾经使地球上的原有"村落"都市化，人与人之间的直接交往被迫中断，由直接的、口语化的交往变成了非直接的、文字化的交往。而电子媒介又实施着反都市化，即"重新村落化"，消解着城市的集权，使人的交往方式重新回到个人对个人的交往。"任何公路边的小饭店加上它的电视、报纸和杂志，都可以和纽约、巴黎一样，具有天下在此的国际性。"麦克卢汉觉得这个时候时间和空间的区别变得多余。这种新兴的感知模式将人类带入了一种极其融洽的环境之中，消除了地域的界限和文化的差异，把人类大家庭结为一体，开创了一种新的和谐与和平。旧的价值体系已经崩溃，新的体系正在建立，一个人人参与的、新型的、整合的地球村即将产生。事实上，这种地球村已经产生。

- 什么是互联网传播

"互联网传播"是20世纪90年代出现于传播学中的一个新名词，是相对三大传统媒体即报纸、广播、电视的新传播途径和方式，是以多媒体、网络化、数字化技术为核心的国际互联网络，也被称作网络传播，是现代信息革命的产物。网络传播有三个基本的特点：全球性、交互性、超文本链接性。因此，网络传播是以全球海量信息为背景、以海量参与者为对象，参与者既是信息接收者又是发布者，并随时可以对信息做出反馈，它的文本形成与阅读是在各种文本之间随意链接、并在以文化程度不同而形成的各种意义的超文本中完成的，是通过计算机网络的人类信息（包括新闻、知识等信息）传播活动。在网络传播中的信息，以数字形式存储在光、磁等存储介质上，通过计算机网络高速传播，并通过计算机或类似设备阅读使用。网络传播以计算机通信网络为基础，进行信息传递、交流和利用，从而达到其社会文化传播的目的。网络传播的人数巨大，可以通过互联网高速进行。

三、声音

• 互联网传播的优势

信息多元化。网络信息中运用了 flash、视频、音频等多媒体技术，这些技术不像网络上单一的 flash、视频、音频等形式那样，而是通过组合的应用配以精彩的内容给读者带来强烈的感官刺激和互动参与的欲望，这是单一的技术表现形式所不能比拟的，也是网络信息对读者的吸引力所在。而正是基于此，网络聚集了庞大的用户群体，刺激用户在阅读内容、感受网络时的观感。网络信息涉及游戏、时尚、服饰、汽车、音乐、体育、影视等多个行业，给受众带来强烈的冲击。网上不仅可以平等地发布信息，还可以平等地开展讨论与争论。报纸可以通过座谈的形式开展讨论，电视也有话题节目供观众现场摆擂台，但这些讨论一不是任何人都可以参加，二不是随时可以参加，三不是所有话题都可以讨论，四是还不能完全给参与者以"言者无罪"的保证。然而，关于这个世界的所有话题，用户都可以在社交媒体上找到，并随时参与发表意见。如我们在微博的话题专区

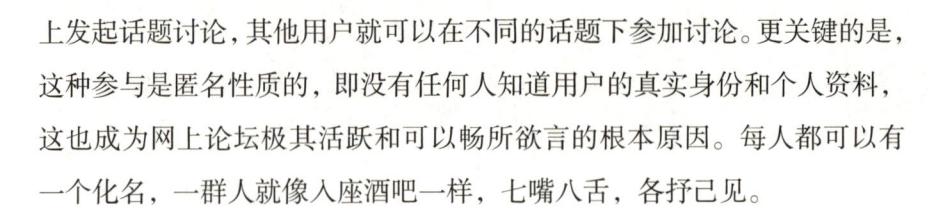

上发起话题讨论，其他用户就可以在不同的话题下参加讨论。更关键的是，这种参与是匿名性质的，即没有任何人知道用户的真实身份和个人资料，这也成为网上论坛极其活跃和可以畅所欲言的根本原因。每人都可以有一个化名，一群人就像入座酒吧一样，七嘴八舌，各抒己见。

表现形式立体化。网络新闻以互联网为基础，借助先进的传输技术，在新闻传播内容、形式、结构及便于阅读等方面，都很好地发挥了新闻宣传的舆论导向作用，收到了较强的立体化的新闻传播效果。与传统新闻传播相比，网络新闻为读者提供了更为广阔的阅读空间，它一方面通过内容安排、结构选择等方式使新闻报道达到"最佳状态"，便于读者获得立体认识，更清晰、更深刻地了解新闻；另一方面，读者的意见或态度可及时反馈给传播者，读者与传播者之间形成了一种互动关系，从而使新闻的立体传播效果在网络传播的环境下得到更为深刻的演绎。这改变了传统媒体多年不变的新闻传播方式，把新闻展示方式变得更加立体化和层次化。

传播互动化。信息传播的双向互动，是网络传播的本质特征和社会意义的集中所在。报纸、广播、电视作为20世纪内的主体传媒，恰恰在这方面相形见绌。双向互动式传播具有三个重要特征：信息的传播者不再享有信息特权，与受众一道成为真正意义上的平等交流伙伴；网络用户不仅可以平等地发布信息，还可以平等地开展讨论与争论；舆论监督功能在网络振荡中不断加强，具有无比的威慑力量。互动式传播内含着天然的亲和力与召唤力，从而构成了对现有传统传媒的致命冲击。

- 互联网传播的劣势

信息良莠不齐。我们经常上网获取那些零散和不系统的知识。利用网络发送微信已经成为当下网络一族的时尚。内容丰富的节日问候、脉脉情话、开心笑话以及短视频往往让我们心情愉快。然而，围绕网络的兴起也出现了不少问题，一些内容低俗不堪的网络信息和新的恶作剧方式随之产生。

传播者的隐蔽性。传播者处于一个极隐蔽的地位，仅靠个人手段是无法在整个庞大的网络世界中找到恶意传播者的，这无疑在很大程度上刺激了人们在网上恶意传播虚假信息的欲望。从这一点来看，现在整个网络被虚假信息所充斥也就不足为怪了。这也就在很大程度上使网络传播的效果大打折扣，而且更为严重的是，现在网络上面充斥着许多色情、暴力的东西，而在许多地方，网络对未成年人是全开放的，没有丝毫保护力度，极不利于网络传播的健康发展，这样也就形成了许多家长反对孩子上网的局面，在很大程度上恶化了网络传播在人们心目中的形象。

传播效率低下。速度快并不意味着效率高，网络传播属于"全通道"型的传播方式，尽管速度越来越快，到达受众的时间越来越短，但是信息在多种渠道的传播途径中受到的干扰也很多，反而导致了传播效率低下。随着受众的选择权利和选择范围的增加，传播者要想达到预期效果的难度也随之增加。打个简单的比方，我们可以把互联网传播看成一种"广撒网"的传播方式，这种方式耗时短、范围广，却不能保证每个人都能"听见看见"。

信息窄化。即时交流工具是网络传播的一个重要途径，但是即时通信工具的使用却不总是对个人发展有利的，因为现在各个即时通信工具都有一个很热门的功能，即"群分"功能，指有同一话题或者志同道合的人们形成的小团体，在这儿人们围绕共同的话题来展开讨论，这无疑为专业研究提供了一个很好的平台，但是经常上这样的地方，虽然可以满足一个人的爱好需求，可以满足一个人对交往需求的满足，却也形成了一个无形的框，导致获取的信息日趋窄化，不利于个人的全面发展。

媒介依赖。网络传播在向人们展示外面的五彩世界时，却将人们封锁在电脑的旁边，许多原来内向的人因为上网而变得开朗、外向，善于和人交际，但是也有不少的人沉迷于电脑的虚幻世界，甚至对于现实世界产生了一种厌恶感，这样对于一个人的发展是极为不利的，而且发展到一定程度，会对社会造成一定的危害。

四、拓展

当今社会，人类正在经历一场前所未有的科技革命。以网络为代表

的新媒体纷纷涌现出来，给传统媒体带来了威胁，从报纸、广播、电视等传统媒体发展到今天的互联网、社交媒体、短视频等新媒体。新媒体在很多领域都超过了传统媒体，有自己独特的优势，新媒体会不会取代传统媒体？我们可以以此为辩题展开一次辩论赛。

正方：新媒体会取代传统媒。

代表观点：从BP机到小灵通到智能手机，不得不承认BP机、小灵通已经被取代。就像，即使你再喜欢柯达相片的质朴，柯达还是宣告了破产，你再迷恋的XP操作系统，微软还是宣布了停止服务。社会与自然，优胜劣次是法则，同理，不管你对传统媒体有再多的留恋，但其职能上的缺陷是不容否认的，随着时代的发展和技术的革新，人们的思想观念也在不断改变，传统媒体终究会被新媒体所取代。

反方：新媒体不会取代传统媒。

代表观点1：随着科学技术的日新月异，新媒体的出现确实给传统媒体带来了挑战与威胁，但是以报纸为代表的传统媒体善于发挥自己的优势，善于利用新媒体提供的机遇，经过不断地丰富和完善，不但没有被新媒体取代，反而焕发出勃勃生机，再说以网络为代表的新媒体也有自身的局限性，这也使它不能取代新媒体，因此新媒体不会取代传统媒体。

代表观点2：纸质媒体作为一种历史载体，和传统工艺不可同日而语，也就不可能对比探讨是否有失传的可能性。信息的载体永远不会消失或者不被需要，它只是需要一些改变，新媒体的阅读被称为碎片化的阅读，转眼即逝。而纸质媒体它浸染着淡淡墨香，怡人也怡情。

第二章

众声喧哗中如何
"听清事实"

　　我们生活在一个信息爆炸的时代，也生活在一个信息混杂的时代。伴随着"假新闻"的频频出现，事实和虚构之间的界限正变得越来越模糊不清，社会似乎也走进了令人无所适从的"后真相时代"。面对"后真相时代"的危机与挑战，唯有养成良好的媒介素养，方能在鱼龙混杂的信息洪流中，找到指向真相而非谎言的路径。

　　这一章，让我们共同探讨、共同学习，学会如何在纷繁复杂的信息中，分辨出那些完全不值得信赖的假新闻，不被低劣的造假手段迷惑。

第一节　平台太多怎么选，权威认证来帮忙

一、聚焦

新媒体新技术的发展让信息传播进入了读秒时代。在众声喧哗的网络时代有人奉行"天下武功，唯快不破"，因为"快"意味着先机和优势。但是只因求新求快就能忽略真相和事实吗？我们求快求多，但实际上网络上的信息多到让我们消化不良，而事实被隐藏在喧哗中无人问津。或许我们并不缺信息，而是缺乏完整可靠的事实，缺乏面对喧哗的冷静和判断。"萝卜快了不洗泥"，如果一味追求不辨方向的快，很可能欲速则不达。

现在的网络微平台太多了，多到让我们犯了选择困难症！只要我们拿起智能手机，各方声音就通过微平台涌入我们的耳朵。我们该听谁的？我们该相信谁？这个选择非常重要，如果一不小心错信他人，就可能蒙受损失。这不，小明的爷爷就遇到一个难题！

刚刚过去的一周，小明家中经历了一场不小的风波。事件的起因还要说到小明爷爷，他最近痴迷于养生之道，还加入养生馆的微信群成为会员。那段时间，爷爷经常爱在家庭群里分享他从养生馆那里得来的养生文章：《如果你有能力请不要选择添加了亚铁氰化钾的食盐》《得癌症的有救了，空前绝后这个竟痊愈，发1次，救人无数》《重磅，美国癌症疫苗研发成功》……甚至连发了十几条语音，警告小明和爸爸妈妈不要生吃番茄,一定要煮熟才能吃。

不光是家庭的微信群,爷爷每天还要发好几条朋友圈,分享他的养生文章:《吃西兰花抗癌》《虾和维生素C一起吃会中毒》《桃子与西瓜一起吃产生剧毒》《糖尿病福音》……除此之外,小明爷爷还买了群里"健康顾问"推荐的一些保健药品,但就是其中一个声称绿色保健,坚持吃包治糖尿病的降糖保健品,让爷爷因低血糖晕倒进了医院。

小明知道后决定周末回去看看爷爷。一到爷爷家小明就坐在沙发上陪爷爷聊天,并试探着和爷爷聊起他因低血糖晕倒的事,小明苦口婆心道:"爷爷,我看了您经常在微信群里分享的那些养生知识,有的是危言耸听,有的是夸大事实,有的是断章取义,那些都是非官方渠道散布的谣言,不能完全相信。有的不良商家就是靠这些手段制造恐慌,目的是想销售一些保健药品牟利的,得擦亮眼睛避免上当!您看您之前买的那个降糖丸不久差点儿吃出问题啦!"爷爷反驳道:"我们群里健康顾问告诉我啦,上次那个不适合我的体质,已经给我换了另外一款,这个肯定管事儿。我们群里每天都有好多人分享自己吃完保健品后的神奇疗效,反馈很好!全国各地有好多会员,怎么会是骗人的!"

小明看爷爷这么笃信那个所谓的"养生顾问"也不知如何再劝,爷爷更是开心地招呼小明要给他看群里的"成功案例",弄得小明哭笑不得。正当爷爷跟小明讲得起劲时,爷爷微信上突然收到养生微信群解散,被移出群聊的消息。爷爷有些着急了:"哎!群怎么解散啦?我会员卡里刚刚充的3000块钱没花呢!"小明更加笃定道:"爷爷,您看这肯定是卷款潜逃啦!"爷爷正准备说话之际,手机响了起来,接起电话原来是社区民警了解情况,社区民警问道:"大爷,您是不是在手机微信上加入了一个养生群,还办了会员卡买了一些保健品?我们通过掌握的办案信息找到您的电话。那个养生群所谓的健康顾问因涉嫌诈骗已经被列为网上追逃人员。请您一定注意甄别,谨防网络诈骗!"

挂断电话,爷爷沉默了良久,突然问小明:"明明,你说现在网络这么发达,信息这么多,我年纪也大了,不知道怎么分辨信息真假呀?"

小明赶忙安慰道:"爷爷呀,这个时候官方平台就派上用场啦!来我来给你介绍几个靠谱的官方平台,你喜欢养生知识的话,这几个比较合适……"

网络的公共性、开放性,使其成为个人参与社会事务的新平台,也为我们筛选信息带来了新的挑战。网络上的信息十分庞杂,真假难辨,信息的发布也是自由的、开放的,因此网络时代人人都有话语权。但是,当我们作为信息接受者的时候该如何抉择呢?是兼听兼信还是一票否决?下面就让我们从"信息"一词说起,一起来探讨面对互联网时代海量信息与平台的应对之策!

二、解析

• 什么是信息

信息,指音讯、消息、通信系统传输和处理的对象,泛指人类社会传播的一切内容,信息是客观存在的。人们通过获得、识别自然界和社会的不同信息来区别不同事物,得以认识和改造世界。在一切通信和控制系统中,信息是一种普遍联系的形式。信息包含着新的情况、新的知识、新的内容。1948年,数学家香农在题为《通讯的数学理论》的论文中指出:"信息是用来消除随机不定性的东西。"

什么叫作"消除随机不定性"呢?举个简单的例子:明天学校要举行运动会,但是不知道会不会下雨。天气预报显示明天是晴天,下雨概率不大。看完天气预报就消除了我们对明天天气的不确定性,那么天气预报提供的内容就是信息。诸如此类的例子还有很多:飞机航班信息、商品市价、股票涨跌、天气变化、汇率变动……由此可见,信息在我们身边随处可见,与我们的生活息息相关。

• **我们为什么需要信息**

信息最核心的作用在于它作用于我们的认识。人类社会的发展,离不开知识的传播,我们通过感官获取大量信息,再由大脑加工形成了各种专门的知识与能力,进而形成社会科学、自然科学和各种科学技术成果。我们把信息提炼成知识,把知识转化为能力,人类改造世界的能力也越发强大,信息最终通过人改变了世界。

动物通过气味、声音、动作、发光等方式来传递信息达到繁衍生息的目的,例如:雄狮用尿液标记自己的地盘并以此警告其他雄狮,雄孔雀展开尾部绚丽的羽毛吸引雌性的目光,蜜蜂发现蜜源后通过舞蹈向同伴指示距离和方位,鸟类发出多种多样的声音以表达不同的含义。动物传递和接收信息是基于条件反射和先天本能,并没有复杂的精神和思维活动,而人类的传播活动则更具能动性和创造性。人类社会更是从产生之时起就一直没有停止过相互传递信息的活动。在人类语言产生之前,原始人类通过声音、手势、标记、图形、符号传递简单信息,比如:通过咕哝声、尖叫和肢体动作向同伴发出警示,在山洞石壁上刻下或画下今天的狩猎情况等。口语产生后,人类传递信息更加便捷,但是口头传递的信息量少、距离短、不易保存,几经转述容易失真。文字产生后信息传播的广度和范围大大增加,能将信息长时间地保存并流传下去,知识也能传播得更久更远。随着人类社会的发展,我们需要传递的信息量越来越大,内容也越来越复杂,传递信息的媒介也越来越丰富。我们生存的这个世界每天都有各种事件发生,生活在社会中我们需要获取信息、表达观点、参与社会议题,这是生存的需要。信息是不断在更新的,我们要了解最新的变化,跟上时代的步伐,就必须保持与信息的联系,这是发展的需要。因为在社会和群体中的我们需要通过获取信息融入社会、了解世界，人类则需要通过相互传递信息以促进生产、支配自然、扩大交流、发展社会。总而言之，获取信息是我们的生存与发展的需要。

• 信息的来源有哪些

信息的来源就是信源，可以是人、机器、自然界的物体等。信源发出信息的时候，一般以某种讯息的方式表现出来，可以是符号，如文字、语言等，也可以是信号，如图像、声响等。信息是抽象的，信源则是具体的。例如人们谈话，人的发声系统就是语音信源；观看电视，被摄制的客观物体和人物就是图像信源。另外还有文字信源、数据信源、遥感信源等。信源是信息的发布者，也是信息传递的开始。

• 什么是"微平台"

我们现在总能听到大家热议"微平台"，那么什么是"微平台"呢？

随着网络技术的不断发展和革新，智能手机、平板电脑等移动互联网设备逐渐普及，以微博、微信、QQ等为代表的社交软件不断涌现，我们的移动互联网设备便成了"微平台"的主要载体。从狭义上来说，"微平台"仅指微信公众智能服务平台，它提供微信定制开发的相关业务，如微官网、微商城、微活动、微推送等。从广义上来说，"微平台"是指以新媒体技术为依托，以传播快速、操作便捷、互动性强、覆盖广泛等为特点的各种网络平台的总称。表现形式有：网站、论坛、博客、微信、微博、QQ等，它借助文字、音频、视频、图片、链接等诸多的微小元素，以单独或混合形式表现出来，涉及生活方式、心理状态、人际交往、价值理念等诸多方面。

• 微平台上的信息

新媒体的出现使空间与时间不再成为传递信息的主要障碍，"地球村""世界村"的观念逐步深入人心。今天我们借助一部智能手机通过各种平台就能获得我们想了解的任何信息。通过微平台，我们获取信息更迅速、更直接、更真实、更生动。我们坐车、吃饭、午休的时间都可以利用起来，不用花费太多时间与精力，就能够随时随地关注各种时事政治信息。

但是这些信息数量庞大、内容复杂、真假难辨且碎片化，各种信息如潮水一般涌来，我们每天看似阅读了非常多的信息，可是除了增加一些谈资外，似乎并没有记住多少有用的东西。我们每天通过手机报、微博、搜索引擎、新闻网站、即时通信等多种方式获取信息。我们在各个生活的间隙获取信息，在吃饭时看一眼电视，在坐公交车时用手机上微博。信息量如此之多，我们获取信息如此容易，乃至我们养成了一个坏习惯：文档稍微厚一点，我们就没有耐心看完。

三、声音

• 选择靠谱的平台

进入数字时代，所有人都在接受着来自劣质信息和虚假新闻的无差别攻击，其中青少年是最为脆弱的一类人群。如今我们习惯于通过手机获取信息、了解世界，手机仿佛成了我们的另一个感官系统。微平台则是我们看世界的窗口，这扇窗的形状、朝向、大小都决定着我们看世界和认知世界的结果，因此选择靠谱平台的重要性不言而喻。如果我们想要充分享受互联网时代的红利，又想要尽量规避其中暗藏的陷阱，就要学会从信息的源头下手，认准可靠的平台。

• 不能过度依赖信息

互联网时代下以社交媒体为核心的媒介生态环境，使我们习惯于利用社交媒体获取信息、分享观点、情感交流等，这固然对我们成长与发展具有积极意义，但正像"数字鸿沟"的争论一样，由于我们正处在身心发展的关键时期，我们是否具备了使用社交媒体所必需的素养，引起了社会的热议。这一争论并非没有依据，伦敦大学流行病学与卫生保健研究所曾进行的一项研究结果表明，在近 1.1 万青少年中，有 12% 的轻度社交媒体用户和 38% 的重度社交媒体用户表现出严重的抑郁症状。与此同时，英国《每日邮报》报道称，长期痴迷于社交媒体的青少年大多具有孤独感，且严重影响其社会交际能力。刊登在《个性与个体差异》上的一则报告也提到，频繁使用社交媒体可能会导致学习成绩下降，从而增加建立社会关系的难度。以上研究结果无疑对我们给予警示和提醒，频繁使用媒介或不良的社交媒介行为容易导致我们社会交往能力的弱化或偏倚。

在信息时代，我们常常以为接收了信息，就是了解了世界，从而陷入对信息的依赖之中。然而，零星的信息不能代表整体的世界，对信息及通信技术的过度依赖以及人与机器的"信息交流"反而可能钝化我们的生命感觉，钝化感知和感受世界、他人的能力，更要紧的是影响人与人交流的方式。我们可以尽情享受智能手机和微平台带来的便捷与乐趣，但不能以此代替人与人在现实中的接触与交流，不能每天就看着手机傻笑却拒绝与父母、家人的交流沟通。

更重要的是，面对繁杂的信息我们要保持头脑清醒，学会思辨，学会质疑，学会提出问题，不能一味听信他人的灌输。我们要学会对自己接触到的一切内容保持反省和质疑，清醒的头脑比任何平台都可靠。

四、拓展

面对如此多的平台，我们有时会觉得眼花缭乱，难以选择。如何分辨哪些是官方认证的靠谱平台呢？下面我们以微信公众号和微博为例，跟大家分享一下我们如何查看平台的认证信息。

1. 微信的认证信息（7.0.11版本）

打开我们关注的公众号，如"人民日报"，点击右上角图标，会出现公众号的名字，点击公众号的名字，我们就能看到"关于公众号"，其中包含公众号的简介、微信号、账号主体。账号主体为：人民日报社，左侧还有微信官方的认证标识，这表明该公众号是经过微信官方认证的平台，是完全可以信任的权威平台。如果继续点击"账号主体"还能看到关于账号主体的更多信息，如：媒体名称、认证时间、媒体单位类型、机构类型等等。如果微信公众号的账号主体是个人，那我们应该谨慎选择。

2. 微博的认证信息

我们看到自己关注的许多微博账号头像右下角都有一个"V"字符号，这便是微博的认证信息：一般个人认证都是"黄V"，如果个人账号每个月阅读量达到一千万则会变为"红V"，企业与政府类认证是"蓝V"。我们通常喜欢把在微博上十分活跃、粉丝在 50 万以上的"公众人物"称为网络大 V。

如今很多微平台上都不乏一些心术不正之人利用平台散布谣言、盗取信息、诈骗钱财。但我们不能把责任推卸给微平台，片面地认为是微平台就是互联网时代的万恶之源，我们也要反思作为使用者在使用过程中是不是利用了微平台的功能去欺骗他人？微平台设计之初衷是为我们提供便利的，正因如此我们更要学会用，好好用。如果实在难以辨别就认准官方认证。当然，并不是说非官方的微平台就都不靠谱。有很多出色有趣的微信公众号都是个人或者工作室在运营，大家不妨和同学们分享一下，你最近关注了哪些有意思的微信公众号呢？

第二节 所谓"官方"不一定靠谱

一、聚焦

在社会热点事件的报道中，真相和谣言彼此竞逐。让新闻"飞一会儿"，这成了当下大多数人在看到某些"大新闻"时的第一反应。《新闻记者》杂志每年都会评选出年度十大假新闻，以此来告诫人们虚假新闻的危害。下面让我们一起来盘点一下那些让人印象深刻假新闻。

1. 淄博从未进过长春长生生产的疫苗

【"新闻"】2018年7月19日《鲁中晨报》刊发《淄博从未进过长春长生生物生产的疫苗》，报道称：被爆出狂犬病疫苗生产过程中存在记录造假等行为后，长春长生生物科技有限责任公司2017年曾生产过问题百白破疫苗一事又被旧事重提。记者从淄博市食品药品监督局了解到，淄博没有进过该企业生产的疫苗，市民不管是接种百白破疫苗还是狂犬病疫苗都是安全的。

【真相】《鲁中晨报》报道见报后，有淄博市民很快晒出了自己孩子的接种记录，可以清楚看到曾三次接种长春长生公司生产的疫苗，接种地为淄博新区预防接种门诊。7月22日，《鲁中晨报》微信公众号发布致歉声明《我们错了，诚恳道歉！》：本报7月19日7版刊发的《淄博从未进过长春长生生产的疫苗》一文，经调查，已认定该信息不实、报道有误。本报采编环节对采访到的相关信息没有进一步求证核实，把关不严，误导了读者，我们诚恳道歉并引以为戒。

2. 内蒙古女教师车祸瞬间推开学生自己被撞身亡

【"新闻"】2018年9月12日，《呼和浩特晚报》刊发报道《车祸瞬间，老师把生的希望留给了孩子》称：9月4日，托克托县双河镇第五小学五年级语文老师丁燕桃从学校出来准备去吃午饭的路上，一辆失控的小轿车突然飞速开上了道牙向行人撞去，一瞬间，丁老师奋力将身边的两位学生推开，自己却被轿车碾轧并拖行了好几米。两个孩子得救了，丁老师却因伤势严重，在送医途中不治身亡。而还有三天是丁老师女儿一周岁的生日。一名在车祸中受皮外伤的二年级学生说，在汽车撞来的瞬间，他确实感觉被推了一下，因事发突然，他不知道是谁把他推了出去，让他躲开了汽车。5个四年级的学生说，他们目睹了丁老师舍己救人的瞬间，她将身边一左一右两个学生推开，自己却被撞倒在地……

这则报道被许多媒体、公众号等转发。

【真相】9月13日，呼和浩特市托克托县宣传部官方微博"魅力托克托"，发布《关于托县双河镇第五小学丁燕桃老师发生交通事故身亡的情况说明》称，县委、县政府及时组织相关部门开展走访调查，极力寻找丁燕桃老师舍己救人的有力证据，但目前还未找到目击证人，且据同行的三位老师的口述和一段行车记录仪视频，丁燕桃老师舍己救人的行为仍无法确定。9月30日，托克托县县政府发布了第二次调查情况说明：经过调查组的进一步调查，没有找到丁燕桃老师"被撞瞬间推开学生"的有力证据。情况说明还指出，"另据接受媒体采访的学生郑某某、崔某某、李某的监护人证实，事发当时他们均不在现场；被车蹭伤的小学生高某及其监护人证实，事发瞬间也没有被人推过。根据行车记录仪找到一位目击者郝某某，该目击者证实，当时没有看到丁燕桃老师周围有其他学生"。

3. 万州女司机逆行致大巴坠江

【"新闻"】2018年10月28日，重庆青年报微博发布视频消息：#

重庆突发#重庆青年报消息，28日上午，重庆市万州区长江二桥发生重大交通事故，一辆大巴车被撞后冲破护栏坠入长江，疑有重大伤亡。目前，事故伤亡情况不详，政府正在组织救援。据传，事故系一女司机驾驶的红色私家车桥上逆行所致。新京报网也发布报道《重庆万州大巴坠江前曾与逆行轿车相撞》，称新京报记者从万州区应急办获悉，大巴车坠江前曾与一小轿车发生相撞，系一小轿车女车主驾车逆行导致。

【真相】重庆市公安局万州区分局官方微博"平安万州"分别于10月28日12：03和17：46，发布两次通告，其中第二次通告指出：10月28日10时08分，一辆公交客车与一辆小轿车在重庆万州区长江二桥相撞后，公交客车坠入江中。经初步事故现场调查，系公交客车在行驶中突然越过中心实线，撞击对向正常行驶的小轿车后冲上路沿，撞断护栏，坠入江中。

4. 英国集装箱惨案39名死者为中国公民

【"新闻"】2019年10月23日凌晨1时40分左右，一辆看似普通的冷冻运输集装箱，打破了英国宁静的夜晚。英国警方在这辆卡车集装箱内发现足足39具尸体。根据英国BBC对此次事件的报道来看，这次事件很有可能涉及国际人口走私犯罪。这个惨案也成了英国历史上最严重的同类案件。事件发生后，美国CNN、英国BBC等西方媒体第一时间发出报道，称车内的39具尸体很有可能均为中国籍。

【真相】案件发生后中国驻英大使馆及时与英国警方取得了联系，英国警方表示尚无法确认这些死者的身份与国籍。英国媒体"天空新闻"25日消息显示，有越南一人权组织表示死者中可能有越南人。随着案件不断发展，越来越多的越南家庭站出来，报警寻找失踪的亲人。11月7日，越南公安部确认，39名遇难者全为越南公民。

虚假新闻是一种有着悠久历史而又难以根绝的行业现象，在不同时期呈现出兴盛与衰落的周期循环。在它们的轮番"轰炸"下，我们似乎开始对"新闻反转"现象见怪不怪了。我们正处在一个信息非常发达的时代，网络上充斥的各种信息很可能是带有误导性的。当我们置身于无法明辨真假的信息中时，会极大地影响我们的认知、知识与判断系统、价值观等。当所谓的"官方"消息都变得不靠谱时，我们到底应该如何学会辨别信息呢？接下来我们就一起探讨应对假新闻的必备攻略吧！

二、解析

• 假新闻的"魔力"

"当真相还在穿鞋时，谎言已经跑遍了全城。"类似的话，很多名人说过，但未必正确。因为具备强大传播力的是"谣言"，它只占"谎言"的很小一部分。

假如我随口和同桌说句谎言——"成渝高速早上发生一起追尾事故，一家三口全部遇难"，因为我的公信力和传播力有限，它不具备成为谣言的潜质。但是如果发布这些虚假消息的人换成是一家权威媒体或者是粉丝数量超过50万的网络红人，那么选择相信的人应该不在少数。真实是新闻的生命。但从新闻诞生的第一天开始，虚假新闻便相伴而生了。无论是横向比较中国和世界各国，还是纵向比较历史上的和现在的新闻界，都可以看到虚假新闻的影子。虚假新闻如同致命的毒瘤，不仅损害了媒体的社会公信力，还造成了社会秩序的动荡和群众的不安。

假新闻之所以难以辨认，是因为它们往往看起来"有图有真相"，迎合当下热点话题。在热烈的讨论和大量的转发点赞下，不管当初是否对其真实性产生过怀疑，都有越来越多的人被裹挟或者自愿加入这场"狂欢的盛宴"。因为我们需要生活的调味剂，往往对于这种假新闻有很高的讨论兴趣。这种越容易被人们消费的假新闻，越容易成为茶余饭后的谈资。这种情况下人们在乎的不是新闻的真假，而是新闻能不能有可以谈论的资本。

假新闻是个真问题，因为它影响我们的判断。它让我们不知道该相信谁，如果我们被错误信息引导了，又该如何正确认识身处的这个世界呢？它让人弄混淆真假，然后开始对所有新的消息源产生不信任感。

- 为什么会有假新闻

假新闻不时出现，且造假的手段多种多样。虽然有识之士提出对假新闻采取"零容忍"态度，但是造假者不理这一套，照"假"不误。假新闻有利益驱动，有不良诉求，有鲜明目的：或为点击量，点击量就是利润率，就是生产力，这是互联网的盈利模式决定的；或为造星，生造形形色色的网络新星，不炒不行，没得炒，就造假；或为不当竞争，捕风捉影，移花接木，嫁祸于人；或为挑拨关系，煽动过激性、攻击性情绪，让政府、社会和部分民众骤然对立，破坏稳定和谐。

究其成因，无非是不法分子的刻意造谣、媒体的专业素养缺失、我们的刻板偏见、爆料人或当事人的主观遮掩、事件发酵的客观规律，以及在复杂的信息环境下形成的合力作用。但有时，新闻在不断反转中，间接呈现出世间百态的曲折离奇，让我们不由得反思自己是否真的有能力去面对这本就瞬息万变的世界。

- 互联网时代媒体的无奈

我们总是在假新闻出现反转后责怪刊发媒体居心不良、不负责任，假消息的发布者固然可恶，而媒体的相继报道，也间接地促进了假新闻的传播。我们一味把责任推给信息的发布者，其实在这场狂欢里，我们每个人都不是无辜的。互联网时代的新闻把速度和热度看得高于一切，很大一部分媒体是靠话题和点击率"生存"的。新闻要有话题和点击率，才能满足媒体"生存"的需要，这也是媒体的无奈。媒体有可能意识到新闻是假的，只是在全民狂欢的背后，他们不能让自己错过这场利益的"盛宴"，从而抛开了自己的职业素养，沦为假新闻的炮制者和帮手。换言之，就是一些媒体在真相和话题面前选择了话题，从而导致假新闻成为一时的热点。

其实，网络从来都不是法外之地。网络造就了网民情绪的高涨，当假新闻满天飞、海量资讯不断轰炸的时候，如何辨别假新闻？如何避免被虚假信息误导？如何在集体狂欢中保持清醒？这其实是我们应该好好深思的问题。

三、声音

• 对假新闻说不

网络假新闻大行其道，不仅使我们深受其害，也破坏了主流媒体的权威性和公信力。更值得警惕的是，一些虚假新闻被炮制出来，或出于偏见，或勾连经济利益，或暗藏政治目的，产生了多方面的风险隐患。我们除了要求那些应该保护我们数据的人承担责任，并谴责那些因为政治原因破坏我们共享的社会空间而破坏媒体的人之外，我们自己在分享新闻之前，也应该更多地了解为什么假新闻会吸引我们，根据这些特征去求证新闻是否可信。在互联网上，我们不仅仅是彼此的观众，更是社会共同的守护者和监督者，我们要多学习媒介素养知识，学会辨别假新闻，不被假新闻蒙蔽也不做假新闻再传播的帮凶，才能在信息红海中畅快遨游。

• 如何识别假新闻

对于我们来说，在这个信息爆炸的海洋里，营养固然丰富，但也有浊浪暗流、恶鲨巨鲸之虑。英国BBC（英国广播公司，成立于1922年，是英国最大的新闻广播机构，也是世界最大的新闻广播机构之一）制作了一款提高青少年媒介素养的交互性游戏——iReporter。我们就一起跟随这款游戏的教学视频，来学习如何明辨信息可信度，新闻真伪吧！

首先，找到新闻来源。

尽量查验你所能查验到的地方，看看分享这篇报道的网站地址。这个网站你认识吗？之前是否见过，可不可信？这个网站是否在很长一段时间内保持了消息的准确性？是否一直都在发布真实消息？当他们出现报道错误时，他们是否会承认自己弄错了？你应该明白，如果举起手来

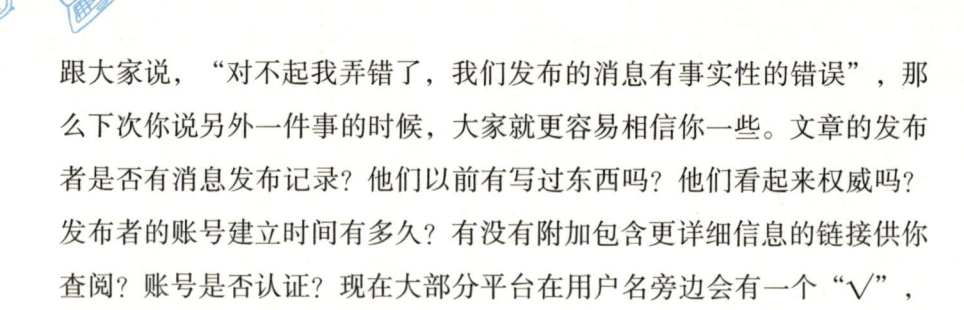

跟大家说，"对不起我弄错了，我们发布的消息有事实性的错误"，那么下次你说另外一件事的时候，大家就更容易相信你一些。文章的发布者是否有消息发布记录？他们以前有写过东西吗？他们看起来权威吗？发布者的账号建立时间有多久？有没有附加包含更详细信息的链接供你查阅？账号是否认证？现在大部分平台在用户名旁边会有一个"√"，这表示账号是被平台认证过的。

其次，交叉检查，质疑权威。

我们能在其他网站上找到这个人吗？他们还和什么人有过交流？交流过什么其他话题？四处搜寻，看是否有其他人报道同一件事，如果其他主流媒体和机构都没有报道，而这看起来又是一件很大很震惊的新闻事件，那你就要小心了。仔细观察细节之后是否还说得通？数据是否说得通？报道中所提到的人在那个时间点是否能够在场？如果是在社交媒体上看到了那些报道，看看他们的用词方式，是不是有很多感叹号、随机字符等。看看他们的图片，一定要检查来源。是谁发布的？在哪发布的？发布的时间是什么时候？最终技巧是，你可以反向搜索一张图片，看看这张图片之前被引用过多少次。如果它被用过很多次，那就很有可能不是原版了，甚至有可能是用在完全不同的另一篇报道里的。

再次，警惕数字的骗局。

数字也是经常被用来做文章的东西。它可以被包装成各种神秘的样子来吸引你的注意力。其中，它最喜欢玩的套路，就是把自己伪装得很大、很重要，然而其实微不足道。或者反之，当自己其实很显著时，却将自己伪装成很不起眼的样子。

比如"一百万"，在它后面加上英镑的符号，它就是一个很大的数字——很大一笔钱，但再往后看，原来后面躲着一个提示——"一百万人均分"，那么，这笔钱就瞬间缩水为"每人一英镑"了，看起来就不是什么大数字了。再比如"7亿6千万"，它代表着全世界左撇子的人数，这可是一个很大、很耀眼的数字，听起来就觉得有很多人。在它的旁边，我们写上"10"，它也代表了全世界左撇子占总人数的比例——10%，这样听起来，似乎人数就少了很多了。因此，下次你在报道中看到一个数字的时候，记得问自己，这个数字的目的是什么？

最后，养成求证小习惯。

我们每个人在网上都有一个角色，我们都需要确保自己在网络空间获取的、分享的信息是准确和可信的。不是只要找到值得信任的人，就能知道哪些是对的，哪些是错的，如果是这么简单就好了。我们都会犯错，如果面对提供给我们的错误信息，我们却无动于衷，最终就会被带入错误的世界观，在观点辩论中犯错。我们需要在力所能及的范围内，尽力让自己的观点只受事实影响，而不受其他因素干扰。并且问自己，我们是因为真实性才想要分享它，还是因为只是我们希望它是这样？

四、拓展

要怎么突破重重陷阱，对假新闻说不、对它们喊停呢？在这样的时代，任何人都比以往更需要批判性思考、思辨的能力。美国一家研究数字科技和媒体与青少年关系的专家咨询机构"培养数位公民"（Raising Digital Natives）创办人笛芙拉·海娜博士提供了以下三点建议，让孩子们可以自主学习，提高对"假新闻"的辨别能力：

1. 从有兴趣的资讯下手

主动上网查找我们好奇的资讯，比如运动、游戏、自然等。通过这些机会，我们可以和他人分享从哪里获得这些内容、如何区分新闻的事实与观点，也可以分享关注的主题与网络阅读的经验，与同伴们一同思考"如何评估网络新闻"。

对年龄较小的小伙伴，可以请家长先列出几个安全、适合孩子阅读新闻的网站，并通过这些新闻提早让我们知道如何对阅读的资讯提出合

理的怀疑。

2. 一起比较新闻

我们在放学后用来上网的时间绝对不短，我们中的许多人会同时上网传递信息、浏览社交网站，或是观看影片，这容易导致我们分心，也使我们对内容缺乏深入思考与质疑。再者，很多人获取新闻来源，几乎都是从微博、微信等社群媒体而来，这会让我们更加偏好浏览与个人立场相符的文章。

因此，我们应该适时地和父母、同学分享从网上所阅读的新闻来自何处，并听听父母的经验，同时，也可以和父母一起比较电视频道和网络新闻所呈现的内容有何不同。

3. 思考新闻价值

在阅读任何网络新闻时，请记住，要养成良好习惯，包括注意信息的来源，并区分报道所陈述的观点或想鼓吹的价值，同时，勇于表达自己的观点，就算不一定认同，也要尊重彼此。新闻是家人用餐时打开彼此话匣子的契机——今天在网络上看到了什么、是在哪里看到的、当天的重要新闻有哪些、有没有什么不合理的地方、每个人对这些事的看法等。和家人解释我们的想法，对新闻中的热门话题进行思考、学习判断。学会质疑收到的资讯，养成思考新闻价值的态度。

独立思考和批判性思维是一种难能可贵的能力。在人云亦云的时候，清醒的头脑显得更加难能可贵。我们不妨尝试一下上述的训练方法，在获取信息和新闻的时候多思考、多质疑，不确定的时候采取多种途径进行求证。这样，我们才能有能力拨开虚假无用的信息，充分驾驭和利用有用的信息，而不是被信息淹没，无所适从。

第三节　对"杠精"和"键盘侠"说不

一、聚焦

杠精的自我修养：不用支点，也能杠起整个世界！
第一式：断章取义

　　网友出招："这首歌最近很流行，推荐给大家。"

　　杠精拆招："流行的东西就好吗？你怎么不把流行性感冒推荐给大家？"

　　网友出招："小朋友真懂事！希望他长大后自由发展，可以做任何想做的事情。"

　　杠精拆招："他如果愿意放火抢劫呢？你也希望他去做？"

第二式：无中生有

　　网友出招："多吃牛肉身体好。"

　　杠精拆招："为什么要吃肉？动物被杀害好残忍！"

　　网友出招："今天天气真好！"

　　杠精拆招："你什么意思？难道昨天天气就不好吗？"

第三式：道德绑架

　　网友出招："针对此次灾情，某明星捐款20万元。"

杠精拆招："不是说片酬一集80万吗？就捐这么点儿。那个×××一分钱都没有捐呢！"

网友出招："这条消息还没有证实，大家先别急着转。"

杠精拆招："不转不是中国人！"

第四式：以偏概全

网友出招："今天拿到了录取通知书，是我梦想中的大学，开心！"

杠精拆招："考上了好大学也没什么用，毕业了还不是给小学没毕业的打工。"

网友出招："学好英语很有必要。"

杠精则会说："我是中国人，我不学英语。"

第五式：强盗逻辑

网友出招："今天接到了招聘单位的电话，通知我明天入职。这是我期待已久的一份工作！"

杠精拆招："辛辛苦苦一辈子，不如富二代一出生就拥有了财富。"

网友出招："隔壁班有个同学家里条件很好，应该是个富二代吧？"

杠精拆招："不就是拼爹吗，有什么了不起的，我要有他那先天条件，做得比他好十倍！"

当然"杠精"们惯用的招式远不止这些，但简单列举也足窥全豹。"杠精"在网络上精于抬杠，"键盘侠"在网络世界里站在道德制高点指手画脚。我们有时候会无奈：生活已经如此艰辛，上个网咋还那么多"杠精"！"杠精"和"键盘侠"到底是怎样一种存在？他们是如何诞生的？我们该怎么办呢？接下来我们就一起聊聊"杠精"和"键盘侠"那点事儿。

二、解析

- "杠精"和"键盘侠"的诞生

随着互联网的发展与普及越来越快，现实中的新闻、事件等一旦在网络上公开发布，便会迅速扩散开来，网民也会在各种平台上发表自己的意见和看法。从社交网络普及开始，网络上总有一群人，火力极强，攻击性爆棚。他们攻占各大新闻热点，指点江山，义愤填膺，变身当代大批评家，躲在键盘背后，各种狂喷。这就是所谓的"杠精"和"键盘侠"，不分青红皂白，甚至都不愿意花点时间看清楚事情的来龙去脉就开始无脑地辱骂当事人。

"键盘侠"，指部分在现实生活中胆小怕事，而在网上占据道德高点发表"个人正义感"和"个人评论"的人群。这一名词源于2014年6月4日，人民日报一篇题为《激励见义勇为不能靠"键盘侠"》的时评。键盘侠往往喜欢利用键盘作为自己的武器，通过道德绑架、人身攻击来达到自己惩恶扬善、维护正义、锄强扶弱这种虚拟的见义勇为的效果。他们时而在虚拟空间"行侠仗义"，时而在现实世界"冷眼旁观"，网上网下存在着强烈的人格反差，他们是网络上的侠客，生活中的路人甲，甚至有人调侃：最热心的永远是网民，到底是路人不上网还是网民不出门？

"杠精"，指抬杠成瘾的一类群体。你说太阳是热的他都会说太阳也有几天是凉的，再加上"只有我一个人觉得……"句式的加持，基本上能成功惹翻他人。2018年12月3日，词语"杠精"被《咬文嚼字》公布为2018十大流行语。12月19日，国家语言资源监测与研究中心发布了"2018年度十大网络用语"，"杠精"位列第二。生活中，我们提出对问题一些看法，总有一堆人来挑衅你，他们并不真正关心事实的观点，只是对人不对事，也就是说的"为反对而反对"，这类人以抬杠为己任，被称为杠精。更有人戏称："杠精"现在已经快成为运动会项目了，我有一位杠精朋友就自诩为"国家二级抬杠运动员"。

• 为什么会有这么多杠精和键盘侠

为什么我们总感觉自己在网络上遇到了很多"杠精"和"键盘侠"呢？我们国家有这么多"杠精"和"键盘侠"到底是为什么呢？新东方的俞敏洪老师认为这可能和我们的行为特征有一定的关系。

第一个特征就是我们通常不敢面对面起冲突。当我们面对面的时候，我们一般都会变得比较胆怯，比较懦弱，不敢直截了当。我们时常会发现这样的现象，到了面对面的时候通常都是互相说好话，但是私下就互相说坏话。这也形成了一种不光明磊落的局面。

第二个特征，体现了传统社会中原来不敢发表意见，怕发表意见会带来比较严重后果的某种恐惧感。人与人之间，或者人与社会之间，一旦发表自己直截了当的看法，就会容易遭到报复打击，所以就慢慢形成了在背后说话的习惯，甚至形成了写匿名信，不署名发表自己观点的习惯。

第三个特征，也体现了人的一种阴暗心理。由于在网络上完全可以匿名操作，所以很多人就把自己内心的魔鬼释放出来了，不惜一切代价去侮辱、造谣自己心中不满意的人，完全凭空捏造的、无事生非的事情变得非常多。所以，"杠精"和"键盘侠"也暴露了人性中的一些非常大的弱点。当然，这种弱点的暴露本身不是坏事。因为随着其暴露，也会让大家明白这样的行为会受到鄙视和谴责，到最后是会慢慢地变好的，大家会变得更加收敛和负责任。

只愿意躲在键盘后发表自己的观点，宣泄自己的情绪，是一种比较严重的心理问题。作为一个人，要拥有正常的、健全的人格，就一定要学会面对面和人交流。这种交流包括友好的交流、相处、聚会，也包括面对面提出自己的意见看法，甚至是发生面对面思想上的冲突，并在冲突中互相面对面寻求解决办法。

三、声音

• "杠精"和"键盘侠"存在的合理性

虽然我们痛恨"杠精"和"键盘侠"，但是从某种层面上来说一个社会允许"杠精"和"键盘侠"存在，是件好事。这表明我们每个人表达意见的权利得到了保证，个人能够无障碍表达自己的观点。尽管在键盘上表达观点有的时候属于某种背后行为，但毕竟能够表达观点了。现在很多问题大家都能够畅所欲言，这与闭嘴不能说话，也没有任何渠道可以表达自己观点，表达自己的观点可能带来生命危险的时代相比，毫无疑问是一个巨大的进步。

"杠精"和"键盘侠"存在的另外一个好处，是人与人之间的观点会发生明显的碰撞和冲突，也就是说一群人之间可以表达完全不同甚至相反的观点。这实际上激发了我们独立思考的能力。因为在众多不同方向的观点中，个人需要去判断到底哪种观点更加接近真理，哪种观点更加符合事实情况。

此外，"杠精"和"键盘侠"的存在也会带来言论不负责任的行为。但是，恰恰因为有这样的状态，我们才能学会辨别。对于哪些是真实的，哪些是不真实的，在大浪淘沙之后，能够使人变得更加明辨是非。因此，允许"杠精"和"键盘侠"的存在，允许大家通过各种各样的自媒体发表自己的不同观点、思想，哪怕是很怪异的思想，也是社会的一种进步。

但是人不能永远躲在键盘后面像幽灵一样活着。这样活下去会使自己的心理变得越来越阴暗，和现实越来越脱节。网络世界中所表达的一切东西，和现实世界还是有很大差距的。举个简单的例子，在网络中的情感交流和现实中面对面的情感交流完全是两种不同的感觉。我们应该学会面对面进行情感交流，而不仅仅是在网络上。人与社会也是这样的，当我们面对社会、进入社会的时候，与我们只在网络上通过键盘和屏幕来看待社会，会形成两种完全不同概念的理解。

- 不做"杠精"和"键盘侠"

杠精和键盘侠的存在是互联网发展的必经阶段，在现阶段有其合理性，但是这并不代表我们赞成和鼓励这种行为。网络作为一个虚拟的开放的公共空间，每个人都有在网络上表达个人意见的权利，不同的价值观在这里发生碰撞，往往一个小事件就能引发一场网络论战甚至是语言暴力，如果仅仅是个别人对某些事件或某个人进行恶意的评价，这或许

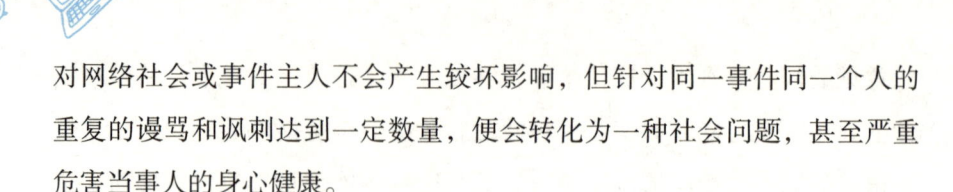

对网络社会或事件主人不会产生较坏影响，但针对同一事件同一个人的重复的谩骂和讽刺达到一定数量，便会转化为一种社会问题，甚至严重危害当事人的身心健康。

在网络空间的意见表达上我们更应该做到的是，"我不赞同你说的每一个字，但我誓死捍卫你说话的权利"这样的宽容和公允。当我们面对社会事件、公共事件的时候，我们可以随意点评，并且这个点评最好是负责任的。不要躲在网络背后宣泄个人恩怨，尤其是通过匿名操作这种不负责任的方式来侮辱、谩骂某个我们心中不喜欢的人。网络空间为大家提供了一个观点表达和碰撞的场所，初衷是为了把不同观念呈现给大家，供大家交流探讨。人无完人，我们每个人都有自己的局限性，我们的观点也不一定全面和正确，我们应该学会听取不同的意见，从而促进自己去思考和反省。只要我们不把网络语言暴力作为手段，争论和分歧不是一件坏事；当这世界上只剩下一个声音、一个观点那才是最恐怖的事。

四、拓展

"键盘侠"究竟是怎样一种存在？他们是维护了正义、揭露了真相，还是网络环境的污染者？网络脱口秀节目《奇葩说》有一集的辩题就叫作"键盘侠到底是不是侠？"

正方："键盘侠"起码比敢怒不敢言的人要好，他们关心世界、心怀热血，想用微薄之力推动世界向自己认为对的方向发展。因为他们，一些不法分子被举报、忽视的问题被讨论、黑邪恶势力被削弱，"键盘侠"这三个字可以变成一个好的称号。

代表观点1："键盘侠"中一些人铁肩担道义，妙笔做文章，笑天下可笑之人，骂天下该骂之士，他们用语言的力量推动社会的进步，起到了正面作用。

代表观点2："键盘侠"是用键盘守卫正义的小侠，呼吁正义同样需要勇气，他们借助网络去探寻隐藏在黑暗中的真相。

反方："键盘侠"是一股走低端路线的黑暗势力，他们打着"键盘侠"的旗号组成了反对者联盟，肆无忌惮地在网上传播谣言，躲在面具背后尽情地发泄恶意，攻击一切，他们是网络暴力的发动机、不正之风的助推剂，必须被严厉抨击。不配拥有"侠"的名义。

代表观点1："键盘侠"不管看到什么新闻都想质疑，他们自以为是、上纲上线。如果"键盘侠"都算侠，那有困难就不用找警察喽。

代表观点2："键盘侠"没有那么理性，比较情绪化，容易被情绪左右，通过网络上暴力的语言来发泄。侠的核心是勇，"键盘侠"的核心是怯。"键盘侠"是一种非常易于传染的情绪状态。

看完双方的观点，大家觉得"键盘侠"到底是不是侠呢？我们也可以利用课余时间以此为题组织开展一场辩论赛，在不同观点的碰撞中进一步认识"键盘侠"。

第三章 为个人信息安全扎紧防护网

在大数据时代,个人信息安全时时面临威胁。刚在银行办完业务,就可能会接到理财推销电话;刚在网上下单,很快就收到相似商品的推荐;刚报名课外班,就接到其他培训机构的推销电话……各类电信运营商、中介机构、保险公司、快递企业等都有可能成为不法分子侵犯我们个人信息安全的"入口"。

显然,保护个人信息是数字时代一个不可回避的问题,个人信息安全关乎我们每一个人的切身利益。筑牢个人信息安全的"防火墙"是一场持久战,不仅需要政府、平台等多方形成合力,也需要我们在日常生活中提高防范意识,保护个人信息安全,共同营造良好的网络信息安全环境。

第一节　网瘾害人？手机不是背锅侠

一、聚焦

互联网技术的进步，为美好生活创造了巨大便利。然而，AI换脸风波、人脸数据公开售卖、大数据公司滥用用户隐私等个人信息保护难题，也成为互联网时代民事权利保护的一大痛点。信息安全现在是一个值得深思的问题，为了更好地趋利避害，就要保护好个人信息安全。首先就要明确，创新技术和供给法律对于个人信息保护而言，犹如鸟之双翼、车之双轮，缺一不可，其次是拥有信息生产者和信息接收者双重身份的我们，更要以身作则，共筑个人信息安全网。

当今时代，智能媒介迅速发展，孩子接触手机的年龄也越来越早了。在餐厅里，为了避免孩子吵闹，父母会塞给孩子一个手机，随便他看动画片、玩游戏，只为享受一顿安静的午餐；下班后，孩子过来想和爸爸玩奥特曼打怪兽，但繁忙的父亲还要继续处理文件，这时只能把手机给他："你还是自己看动画片吧。"近年来，不论是出于主动还是被动，儿童、青少年接触手机的频率都呈暴风式增长。

我们不得不思考，手机是不是成了我们人体的另一个器官？诚然手机也给我们带来了很多便利，但使用不当也会造成一些麻烦。

义帆去董医生那里时，头发长得完全遮住了眼睛，董医生甚至看不到他脸上的表情。很高的个子，却佝偻着背，从他身上完全看不到一个青春期孩子应有的活力。

义帆妈妈将董医生拉到一边，低声说："董老师，我是从一个朋友那里听说了您是著名的心理咨询师，特意来找您，请您一定要救救我这孩子，这孩子整晚整晚地不睡觉在上网，黑夜白天颠倒，我是一点儿办法都没有了。"

董医生示意义帆妈妈先坐下，然后请他们一家三口说说过来的原因，妈妈抢着说了义帆的一些基本情况。义帆今年16岁，上高一。高中之前，在父母眼里，义帆是个听话懂事的孩子，学习很认真，成绩一直不错，但由于性格较孤僻，很少出去玩。老师也反映义帆在学校不怎么合群，与他友好的同学较少。平时他自己也没有什么兴趣爱好，要么看书，要么就坐着发呆或者看电视。父母觉得他除了上学，其他时间待在家里也蛮好的，既能专心学习，又避免被其他同学带坏了。义帆中考考得不错，父母为了奖励义帆，特意送了一台义帆期盼已久的高配置手机给他。

虽然义帆平时也喜欢玩手机，但也只是查查资料，上上微信，玩玩小游戏而已。现在拥有了功能强大的智能机，他在网络上能涉猎的东西就大大增加了，花在网上的时间也越来越多了。

自从他迷上一款网络游戏之后，整个人就完全变了，整夜整夜地上网、通宵玩游戏，早上三个闹钟都叫不醒他，父母拉他、推他都不醒，常常一上午甚至是一整天都不去学校上课，在家抱头大睡，睡醒了饿了才吃点儿东西。他常常不洗澡，甚至不洗脸不刷牙，更不出门，父母怎么说教、威胁都没用。

因为长时间不上学，成绩一落千丈，学校老师最开始要求见家长，再到要处分义帆，到最后要求他退学。妈妈是个急性子，每次去见完老师回来，都会大发雷霆，爸爸在旁边看着也不怎么管。

孩子沉迷网络，亲子关系也变得紧张。就这样，义帆与父母的关系也越来越疏远。有一次，父母强行把手机收走，义帆离家出走了，幸好被爸爸及时找到，才没造成什么危险。从此之后，父母更没办法了，每天看着本来乖巧、懂事的孩子变成现在这副颓废、堕落的样子。义帆妈妈说到这里，后悔地表示当初为什么要送那么好的手机给孩子，害了孩子的一生。

董医生听了，明显感受到义帆父母的急迫心理，也同样感受到了他们依然是将"网瘾"问题归咎于给孩子买了好的手机上面，他们还是没有看到问题的关键。网瘾不可怕，从表面上看是孩子沉迷网络、厌恶学习，本质是家庭关系与亲子关系的不良。后来董医生表示，这个男孩对手机的依赖一部分原因是父母忙于工作，对他的关爱和交流太少，他建议父母应多陪伴孩子、关心孩子的成长和学习。后来在父母的帮助下义帆发生了变化，性格变得开朗，交到了朋友，手机仍然在用，但是最大的改变的是他只把手机当成学习和交流的辅助工具，而不是精神的寄托了。

在我们扩大视野、获取知识的同时，有的青少年通过网络实施犯罪，自毁前程，有的青少年网上交友不慎，遭受财物损失。较强的网瘾的确害人，但一味归咎于手机的错就过于偏激，其形成是多方面的，戒除网瘾的手段也不是简单的切断手机来源那么简单。接下来就让我们从网瘾是什么说起，来探究网瘾的形成原因和危害，说说手机与网瘾那些事儿。

二、解析

• 网瘾是什么

网络问题的出现，有着其内在的心理机制。"失补偿假说"正是基于个体心理发展过程而提出的理论解释。

举例来说，就是在现实生活中，我们时常会感到来自学校课业的压力，来自家庭没有同龄人交流的孤独，网络就成为我们展示自己、寻求交流、排解压力的窗口，我们可以通过网上制造出的虚拟来弥补，这种弥补就是对现实中未得到或展示的东西的一种补偿。网瘾的产生，大多是源自我们对网络、对手机等电子产品的过度使用，使得我们沉溺其中，无法自拔。但是，"失补偿假说"只是对网络、游戏致瘾的一种假说。家庭、个人遗传因素、学校、社会等，都会对人们的网络致瘾造成影响。

- 为什么会产生网瘾

首先，随着新媒体技术的快速发展，网络已逐步走进我们的生活，除了满足我们正常工作、学习、沟通交流外，开发者也始终不忘对游戏和娱乐项目的开发，因此出现了惊险的网络游戏、有趣的网络聊天工具等，最大限度地满足了我们的心理需求。鉴于这个阶段青少年意志力相对薄弱，群体活动中相互影响很大，很多青少年会相互模仿、攀比，网络慢慢成瘾。第一点，利益的驱使。开发商抓住当代青少年自控力差、追求个性自由的弱点和特点，不断地用微薄利润来刺激我们的神经，例如低价购买游戏皮肤，限时折扣购买新角色，这些都易使我们无限沉迷于游戏中。第二点，中国教育体制的弊端。在过少培养青少年兴趣爱好的前提下，网络世界的出现让我们有了更多选择，这很容易直接降低我们对网络世界以外的东西的爱好。第三点，家庭对于网络教育的缺乏。中国处在高速发展的轨道上，"70后""80后"几乎没有应对网络游戏"突击"的任何经验，干脆在"源头"切断，不让孩子上网，这样所带来的后果就是我们更大的好奇心与反抗。这三点，可以说是网络成瘾的重要社会原因。

其次，从心理原因出发，我们正处在青春期，心理和身体变化的特殊时期，我们追求新奇事物，我们渴望与众不同，我们也对老师和家长的训斥不厌其烦，手机似乎成了我们最好的庇护所，那是属于我们一个人的"秘密基地"。我们大多是独生子女，偶尔感到孤独，从心理上说最渴望与同龄伙伴交流，以缓解心中的孤独和压力。有的青少年转向网络这个全新的环境，人的真实身份是隐藏着的，大家都不必避讳什么，畅所欲言。也能在网上按照个人喜好扮演一个角色，将现实生活中的很多缺憾和不足，通过网上制造出的虚拟来弥补。

最后，青少年的心理特点。我们在生理上日渐成熟，总会有时候在心理上也认为自己是"大人"了，我们自信自己有判别是非的能力，对网络也是这样，或许有时候我们对自己未来的规划是模糊的，但对当下快乐的追求是清晰的。或许我们并不能完全读懂老师每天劝说教育、家长的唠叨背后的深意，且我们也不在乎，觉得时光并非易逝，因而选择继续追求即时快乐，不知不觉中形成网瘾。

- 手机在网瘾中扮演的角色

如今我们是越来越离不开对智能设备的使用，很多人都会有一个睡前的"入睡仪式感"，"我再刷一遍朋友圈就睡""我再看一眼微博热搜就睡""我再打最后一把就睡"等，更有人是凑到时间是整点12点就睡，结果一不小心过了两分钟，又"劝"自己说，那就凑到12点半，我一定准时睡……可以说这些行为就是手机依赖症，这是新媒体时代的网瘾。

在这当中，手机从始至终只是一个载体，就像20世纪80年代的金庸武侠小说，90年代的PSP游戏机，随着智能媒介的不断发展，高配置电脑、智能电视都很容易成为使青少年产生网瘾的载体，但不变的是，吸引我们的一直是繁多复杂、新奇有趣的内容，从本质上来说，是这些内容使我们上瘾。因此，我们应该明白，切断载体并不能切断"网瘾"，接下来，我们将从家庭和学校两方面入手，探究如何正确引导青少年戒除网瘾，并了解适度上网的重要性。

三、声音

当今时代，网络已成了我们工作生活的一部分。如果我们发觉自己有网瘾或者手机依赖症，不要过度焦虑，连成年人都恼于放不下手机。这不只是我们的问题，这是一个社会问题。手机并不是害人的东西，不合理利用手机才是我们要斗争的对象，作为青少年，我们心智还不够成熟，如果自己实在没有好的办法，可以正大光明地求助父母和老师。

• 合理认识网瘾

不论是在现实生活中，还是在网络世界中，一个良好的生活态度和生活习惯都有利于我们健康的成长，所以对于那些不好的生活习惯我们要学会适度改正。但我们也不必过多地苛责自己，过于完美地要求自己，成年人焦虑的时候也会通过打麻将、喝酒来排解内心的消极情绪，如果我们有这个需求，适度上网是有益于我们身心健康的，谁说小孩子没有烦恼啊，我们的焦虑和压力也可以通过网络渠道进行排解。但与之对应的，就像父母喝酒、打麻将一样，这对他人影响不大，因此我们在网络上排解焦虑和压力时，绝不能以攻击他人或给他人带来伤害的方式进行。合理认识自身对手机、对智能设备的依赖程度，合理认识我们的依赖程度，才能更好地防止我们沉迷其中。

• 加强自我心理干预，增强网络自控能力

一方面，运用自我心理暗示法。当我们产生沉迷于手机网络的念头时，可以运用这样的方式暗示自己：不停告诉自己网瘾的危害，坚持自我，坚决戒断网瘾。只有这样，才能坚定信念，自我鼓励，在脑海中形成一定的积极刺激，从而有效控制自身的思想行为，抑制不良欲望。另一方面，运用自我提醒法。可以在特定的环境和情境下写下自己戒断网瘾的决心和信念，当自己不能控制自己的时候，通过阅读自己的决心帮助自己做思想斗争。同时，提高自身思想建设，锻炼意志力，对网络的开放性保持清醒的头脑，对网瘾戒断可能出现的反应做好准备，这样才能在网瘾戒断过程中坚持不懈，激发我们的自主性，我们要坚定信念，必须学会承担责任，面对挫折，克服遇到的一系列困难，才能不忘初心，提高自身的网络自制力。

• 平衡网络与生活

通过分散注意力的方法有利于我们戒除网瘾、没事的时候多学习看书，分散自己的注意力，让自己尽量不要过多接触智能设备。增加自己的兴趣爱好，比如没事的时候多看看书，多交一些对自己有意义的朋友，

运动一下，爬爬山骑骑车之类的，充实自己的业余生活。在学校多参与社团活动，丰富的生活也能给我们带来很多乐趣，我们如此依赖网络也是因为我们在现实中找到的快乐太少了，当我们的业余生活丰富起来，我们会发现其实现实生活中也能找到乐趣。多出去交朋友、平常多和朋友交流和学习，不但有利于我们戒除网瘾，还能使我们的生活变得更加有质量，也有利于我们以后的生活和事业。

四、拓展

网络成瘾不仅让众多家长手足无措，也让想改但自制力差的同学两难，那么，到底应该如何合理上网呢？我们一起来看看时间财富网给出的建议：

1. 正确认识网络这把"双刃剑"，取其精华去其糟粕

网络作为一个载体，衍生出了多种信息传递的方式。通过网络人们接触到前所未有的广阔的空间，能更加有效和广泛地获取信息、学习知识、交流情感和了解社会。在它积极作用的背后，网络空间又以令人眩晕的色彩诱惑着人们，使得部分人陷入迷失自我的陷阱中。因此，我们需要在大量的信息中找到精华，所谓精华就是自己所需要的信息，能对自己有帮助的资源。那么我们首先要做的就是根据自己的需要，有目的地进行阅读。人的精力是有限的，我们不能将有限的精力耗费在无用功上。

2. 调整心态，提高抵制诱惑的能力

网络只是一个工具，我们可以通过上网看新闻来了解天下大事，还可以通过网上的比赛来扩充自己的知识，或者上一些学习网站来辅助自己的学习。上网的目的是调整心态。在网络上找个知心的朋友谈谈，心情可以变得轻松。要提高自身的素质与自控力。让自己做网络的主人，让网络成为自己手中有用的工具。

3. 利用好网络虚拟交流平台

网络还是个交流的平台，借此平台，可以认识现实生活中完全不可能遇到的人，扩大自己的交际范围。如果你有烦心事憋在心里，可以找网络上的朋友倾诉，没有在现实生活中的顾虑；通过这个平台我们还可以找到许多朋友共同进步。

4. 合理安排上网时间，正确对待网络娱乐资源

劳逸结合，适度娱乐能缓解生活中的压力。而过度沉溺于网络娱乐资源（如网络游戏、在线聊天等）不仅会浪费时间，而且会影响正常的工作与学习。只有正确对待网络娱乐资源才能真正地从网络上获取轻松，因网络而受益。网络已成为新时代的每个人都不可离开的伙伴，保持戒备心，提高自制力和判断力，才能把网络的作用发挥到最大，使网络成为我们最得力的助手。

在网络时代对于电子产品的使用已经越来越变得普通而普遍，我们在接触越来越多的电子产品后，对于网络的好奇和上瘾也会逐渐降低，网络成瘾问题也只是阶段性的，但对电子产品的使用却并不会消失，而是越发渗入我们的生活。手机不是我们沉迷网络的挡箭牌，而是我们认识这个世界，与这个世界共同进步的工具。

第二节 大数据发威，个人隐私须保护

一、聚焦

进入大数据时代，无论是从便利性还是从实效性来看，都让我们亲身感受到了科技的力量，但与此同时个人信息泄漏、隐私被曝光、诈骗骚扰电话等各种情形也越来越常见。下面让我们一起来看看那些在我们不知不觉中的个人隐私泄露事件。

1. 顺丰员工出售用户隐私案宣判

【事件】2018年4月，湖北荆州中级人民法院对一起涉及公民信息泄漏的案件进行了终审判决，该案为以顺丰员工为信息泄露主体，快递代理商、文化公司、无业游民、诈骗犯罪分子等多方参与的黑产业链条。此案查获涉嫌被泄漏的公民个人信息千万余条，涉及交易金额达200余万元，同时查获涉及全国20多个省市的非法买卖公民个人信息网络群。

【结果】在法院判决书中，共公布了19人的判决结果。其中顺丰员工11人，圆通代理1人，顺丰员工家属1人，无业人员5人，文化公司负责人1人，涉及安保部主管、市场部专员、仓管、快递员等多个部门多个职责。19名嫌疑人被判1年至3年不等的有期徒刑。

2.3 小红书"泄露"消费者个人隐私，被罚5万元

【事件】2018年8月，上海市嘉定区市场监督管理局根据消费者投诉举报信息，对小红书APP涉嫌侵犯消费者个人隐私权进行了调查。经查，小红书隐私设置成默认允许其他人加为好友，并浏览到好友个人隐私信息，致使消费者关注的笔记以及兴趣爱好被陌生人了解，易导致消费者个人信息泄露。依据《消费者权益保护法》，经营者这种侵犯消费者权益的行为理应受到行政处罚。

【结果】嘉定区市场监管局认为，行吟信息科技（上海）有限公司经营的小红书APP隐私设置成默认允许其他人加为好友，并浏览到好友的相关包括部分个人隐私的信息，致使消费者关注的笔记以及兴趣爱好被陌生人了解，属于未充分履行采取技术手段或必要措施义务，未完全尽到防止消费者个人信息泄露。2018年8月27日，嘉定区市场监管局做出罚款人民币5万元整的行政处罚。

3. Facebook再曝隐私泄露丑闻

【事件】2018年4月，美国政治咨询公司的英国联营公司剑桥咨询聘请了在前苏联出生的美国研究人员亚历山大·科根来收集Facebook用户的基本个人信息以及他们点赞的内容。约30万脸书用户下载了科根名为"This Is Your Digital Life"的APP，他们中的大多数或全部都得到了一点报酬，这款APP也向他们进行了一系列调查。科根收集的不光是这些人的信息，在用户隐私设置允许的情况下，他还收集了这些人的脸书朋友的信息，涉及人数最初估计为5000万，后增至8700万人。而这家公司的"业绩"之一就是助推时任总统唐纳德·特朗普赢得大选。这一惊人消息公开后，美国和英国的立法者和监管部门加大了对社交媒体巨头Facebook的审查力度，还有部分用户注销了Facebook账户。

【结果】此次"剑桥分析事件"曝光后，因为隐私泄露问题，Facebook在2019年7月承受了50亿美元的罚款，后来也对APP进行了权限设置。但没过多久，2019年11月6日，Facebook官方表示与之合作的100多个第三方应用可能已经通过Facebook工程组的编程界面访问了用户的个人数据。这些可能涉及泄漏的信息包括了用户的姓名和个人图片。美国众多舆论认为Facebook掌握了太多的互联网隐私，却没有承担保护隐私的责任。接连不断爆出的不计其数的隐私丑闻，已经让扎克伯格和脸书形象大跌。

还有许许多多能够造成我们个人隐私泄露的事件，比如我们下载一个APP，大多都要求读取我们的摄像头、相册、麦克风和地理位置等，这看似平常，可是随意一点就可能为以后埋下巨大的安全隐患。同时，随着越来越多的隐私泄露事件被曝光，也一定程度提高了我们的个人数据保护意识。身处互联网时代，我们被大数据牵扯着，被信息包裹着，应该如何正确保护个人隐私呢？

二、解析

• 隐私信息被泄露的原因

由于现代移动智能设备的普及，它们在生活中出现的频率大大提高，我们在使用这些设备时会产生海量数据，数据的庞大和混杂性给数据保护带来了巨大的挑战，特别是在数据保护过程中，容易产生数据库及应用程序的漏洞及数据泄露，进而产生隐私安全问题；在我们的现实世界中，数据可以用来表达我们的电话、语音、视频行为和地理位置，个人密集的数据使其他组织或个人更容易随意地收集、处理和传播；同时，在大数据环境中，能以数据的形式显示我们的所有活动，如手机导航、微信视频、网络银行等。这些数据为个人数据的收集、拦截、盗窃等隐私侵权行为提供了便利，更容易导致隐私信息被泄露。

• 隐私信息是如何被收集的

在这个环顾四周都被信息包围的今天，我们用着GPS，连着免费Wi-Fi，收着验证码，注册着各种APP，享受着智能手机带来的便利生活。但同时也让我们在不知不觉中承担着隐私信息泄露所带来的风险。离不开智能手机的我们正在面临一种困境：既不知道自己的信息流向何处，也不知道有什么人正在窥伺着我们的个人隐私。

在大数据环境下，个人信息数据化已经成为常态，我们在日常生活中被采集信息的渠道包括：网上购物、网上购买火车票和机票、外卖点餐、在手机上办理银行业务等，这些都会使用到隐私信息，而且这些信息是必须提供才能正常使用的。电信运营商掌握了我们的手机号码，金融机构掌握了我们的征信信息，购物平台和物流企业掌握了我们的姓名、电话和住址等个人信息。我们可能还遇到过安装一个看小说的APP时，它居然要求你开启摄像头和通讯录权限的情况，可能我们一不经意就点了允许，这些各式各样的互联网平台也掌握了我们很多的个人信息。而这些信息会因为相关企业保护不当、管理不健全，甚至有人故意使其流入信息交易市场。大多数人在使用后不习惯去及时删除信息，就会被数据库保存下来，而这种保存手段明显侵害了个人隐私权。学校、医院、银行、铁路运输、电子商务相关企业等都掌握了大量的用户个人信息。由于利益的驱使，部分企业和个人利用不法手段倒卖信息。

• 收集个人隐私信息的目的

收集用户个人信息，有人认为是"窥探个人隐私"，颇为愤慨，当然，这也是目的之一。各种监控、门禁、车牌识别、恶意偷拍、酒店住宿、乘飞机火车等都能暴露自己的个人行踪及私密信息，这些都是我们日常生活中的一些行为，无法避免,不经意间就暴露出自己的隐私，我们甚至没有觉察到就被他人窃取、窥探了信息。

除"窥探个人隐私"外，主要目的还是来自利益的驱使。所谓"知己知彼，百战不殆"，商场如战场，商家最想获取的，正是消费者以及竞争者的信息。消费者的消费行为信息收集得越多、越全面、越真实，对市场各个层面的需求越了解，就越能有针对性地提供产品和服务，产品和用户对口的比例越高，自然越容易将产品和服务卖出去。市场上竞争者众多，一个商家该如何行动，也要视竞争对手而定，竞争对手的信息知道得越多、越全面、越真实，也就越能有针对性地制订策略应对竞争，为了更容易在竞争中胜出，部分商家便滋生出非法收集和买卖个人隐私信息的念头来。

三、声音

大数据时代个人隐私暴露风险时刻存在。互联网的参与者主要包括用户、企业、政府或及行业组织，还有看不见但十分重要的角色：隐私保护技术。保护个人隐私，就是要建立四位一体的防范机制：政府部门或行业组织通过制定法律法规规范企业使用数据的行为，对企业行为进行监管，限制不法分子的行为；个人应该增强隐私保护措施；企业应该提高服务意识，坚守法律底线。

• **增强个人隐私保护意识**

或许我们每个人或多或少都知道应该注重个人隐私保护，某些APP安装时需要用户提供部分授权，否则无法使用，为了正常使用我们通常都会点"允许"，一旦授权又将面临个人信息被过度收集后的泄漏问题，这也让我们陷入了两难的境地。

首先还是要强化自我保护意识，增强隐私观念。不轻易扫描或安装来历不明的二维码或APP，现如今各类应用软件琳琅满目、良莠不齐，一旦安装了病毒软件，极易带来个人财产损失或信息泄露的问题，不得不谨慎。其次，保护好自己的密码，特别是涉及资金安全的密码。设置较安全的密码、用户名不与密码相同、不用自己和亲人的基本信息作为密码、不串用密码、密码定期变更等。最后，在个人日常行为中，我们的一举一动都可能被各种摄像头拍摄下来，因此个人平时要注意自己的言行举止，不违反交通规则，杜绝不文明举止，不做违法犯罪的事。

• **养成对数据进行备份的好习惯**

如果防火墙不能很好保护个人信息，个人隐私不得已泄露，这时候就需要将数据进行备份，这是当前最有效的保留原始数据的方法。对数据进行备份虽然不能起到保护隐私的作用（使用不联网的硬盘进行备份可以更好地保护隐私），但不至于使个人隐私数据丢失，落入找不回来的境地。而且，当下个人数据众多，数据体系庞大，对数据备份是最安全的方法。

- 更有主见地参与网络话题讨论

目前出现很多因个人隐私泄漏而被社会公众人肉的现象，大数据时代背景下，信息传播速度过于迅速，往往存在着坏事好事一起传千里的现象。因一些键盘侠、水军导致当事人抑郁甚至自杀的现象也不止一两起了，因此，在庞大的网络体系中，我们更应该有自己的主见，提高自我辨别意识，理智分析话题事件，客观看待各方做法。每个人都有自由言论的权利，但一定要遵守自己的义务，不侵犯他人的信息和隐私。在社会上形成文明安全绿色上网的新风。

- 提高个人信息保护技术

信息安全方面，有一句关于安全的名言："三分技术，七分管理"，即人们通过对数据层面的信息保护技术的不断更新，来适应这个日益变化的网络环境。大数据时代的信息安全和隐私保护，同样遵循这个原则。既然技术能占到三分，说明了技术在隐私保护上的重要性。不仅企业应该限制第三方软件获取个人隐私，减少第三方软件采集个人隐私信息的行为，同时也应赋予用户对自己信息的掌控权，对于一些不需要的软件上的个人信息，使我们能够自主删除。反之，我们自身也要加强对这些技术的学习，越是了解我们在互联网环境中扮演的角色和大数据收集信息的机制，我们对于如何保护自身信息所采取的措施也会越有针对性，效果越好。

四、拓展

瑞星网络安全专家认为，普通用户暂时还没有有效的方法可以对个人信息进行保护。虽然有了法律保障，但"数据"在握的互联网公司仍难以避免利用用户数据牟利的冲动。解决的办法除了进一步完善法律和提高我们自身隐私保护观念外，企业也要自觉营造保护用户信息安全的氛围，加强内部员工的监管，对倒卖用户信息的现象进行打击。瑞星网络安全专家唐威也表示，随着《网络安全法》的实施和执法的逐渐严格，个人信息泄露问题有望从源头上得到解决。

在综合瑞星网络专家唐威和《经济日报》观点的基础上，在这里为大家梳理了几个保护个人信息的方法，可以尽量减少信息泄露对个人生活造成的不良影响：

1. 尽量不使用公共场所 Wi-Fi 和随意安装 APP

对于黑客来说，公共场合的 Wi-Fi 极容易侵入，这也意味着个人信息将暴露在黑客的视线下；另一方面，在我们安装使用某个 APP 前应充分权衡该软件是否真正能满足或方便我们的生活所需，是否为合法软件，该软件的用户评价如何等等，而不要为了满足某些好奇心而随意下载安装并提供某些过分的授权；同时要认真阅读软件安装的用户协议、隐私保护及应用权限等说明。这就如我们在使用某件产品前一定要仔细阅读产品说明，不要盲目地凭自己的经验去使用它是一个道理。养成阅读的习惯，而不是对协议及说明熟视无睹。

2. 不同软件尽量不要使用同一组账号密码

黑客常常会购买带有大量个人信息的数据库进行"撞库"，设置多组账号和密码可以防止黑客侵入下一个账户，可以及时止损；尽量访问具备安全协议的网址，唐威建议尽量登录网址前缀中带有"https:"字样的网站，具备这种安全协议的网址的安全性较高。

3. 妥善处置快递单等包含个人信息的单据

对于含有姓名、电话、住址等信息的单据凭证要及时销毁，例如可以使用记号笔涂掉，因为你不经意间扔掉也可能导致个人信息泄露；不在朋友圈及微博等平台暴露自己及家人的信息和行踪，这些都能保障自己的隐私不被轻易泄露，守住隐私出口，守好第一道防线；不随便将个人的这些重要信息泄露给陌生人。相信很多人都遇到过街头或地铁上做调查的活动，针对那些须提供如上个人重要隐私信息的调查一定要说"不"。

4. 及时维权

如果我们发现自己的个人隐私被严重泄漏，一定要勇于采用法律手段来维护个人权益。所谓"道高一尺，魔高一丈"，即便我们提高了自我风险防范能力，事事谨慎，或许仍会出现个人信息被过度收集后的恶意泄漏问题，对此我们应采取"零容忍"的态度，及时向有关部门寻求帮助，通过法律手段来坚决打击此类恶劣行径，充分保障自己的权益。

总之，如今的我们生活在大数据信息时代的浪潮中，既要充分利用和享受信息时代带来的便利和机遇，也要提高安全意识，正确面对并合理解决信息化时代背景下的网络安全问题。加强个人信息保护不仅需要政府、企业和法律方面联动工作，也需要作为使用者的我们把好保护自身信息源头这一关。

互联网传播：我的网络微平台

第三节　双重身份更要以身作则

一、聚焦

互联网背景下，我们不断参与其中交换和使用信息，在这当中所扮演的角色一定不是固定的或唯一的。我们既能接收和消费信息，也能传播和生产信息，身份的多样化自然而然就要求我们在网络世界中，不论以何种身份出现时都要遵守网络运行规则，以当下的身份做出合理的选择。但不同身份所代表的立场一定不同，我们一起来看看不同立场下面对同一个问题时有哪些差异。

事件一：明星因负面新闻发布了公关通告。

信息生产者：嗯，公关文用这种格式还是不错的，既做出了回应也不失体面。

内容消费者：写的都是啥啊！完全避重就轻，洗不白就别洗了，一身黑！

事件二：网络红人发了一条点赞过百万的热门视频。

信息生产者：这个主题易引发共鸣，拍摄成本也不高，以后拍视频

070

可以从这个类型去思考。

内容消费者：哈哈哈哈哈，这也太搞笑了吧！真是个人才！赶紧发给我朋友看一下。

事件三：中央电视台朱广权与淘宝主播李佳琦直播为武汉带货。

信息生产者：知名主播通过电商进行公益带货的模式很好，可以实现双赢。

内容消费者：不是我想剁手，是湖北人民需要我，支持湖北我最拼，我为湖北胖三斤。

事件四："双十一"某服装品牌运用"线上卖货线下取货，第二件打七折"的方式进行营销。

信息生产者：零售店铺成功利用多渠道模式，开启线上线下无缝对接，值得学习。

内容消费者：这个方式虽然有点麻烦，但第二件打七折还是不错，"双十一"蹲一下。

事件五：《囧妈》在2020年春节，开启电影史上第一次线上首播的方式。

信息生产者：如果带来的效果及反响足够好，这很可能成为一个契机，让更多片方看到线上播映的巨大的蓝海市场。

内容消费者：感谢字节跳动，感谢徐峥，我欠您一张电影票，下部电影一定捧场。

作为信息生产者，无论是商业考量还是为了生产更具传播力的内容，多是以主动的姿态去获取信息，以达到自己的输出。而内容消费者更多的是考虑这个内容本身能为我们提供什么，我们能从内容中直接转化的信息是什么。或许我们会思考，现在大家都身处互联网时代，我们的不同行为是否也会影响我们拥有不同的身份呢？下面就一起来看看我们作为受众在新媒体环境下是如何拥有双重身份的吧。

二、解析

• **双重身份的诞生**

进入互联网时代，我们在网络上的身份，即"网络身份"被认为是"在线上空间界定个人特征的形态，其可以确认自己的个性，并与其他人区隔开来"。在以往的例如广播、电视的大众传播过程中，我们的身份是受众，是信息传递的终点，但是，在网络这一新媒体中，我们虽然是原有的受众，但也不再只是被动地接收和解读信息，而是在接收信息的同时，也可以成为信息的生产者和传播者。

传统媒体时代，我们大多只是从媒介生产者那里获取信息、接收信息，但我们发出的评论几乎没有地方反馈，因此，当前作为受众的我们早已不满足只是作为媒体信息的接收者，我们也想积极地参与到信息的生产过程当中，逐渐在使用媒介的过程中演变成了信息的生产者和传播者。由于新媒体媒介的特殊性，这些身份甚至可以在同一个社交媒体间进行转换，媒介形式的改变让我们在无形中拥有了这两种身份。

• **身份多样化的意义**

在新媒体时代，我们的主动性得到了很大的提高，我们不同于传统受众，不再满足于传统的以点对面、你传我受的传播模式，而是成为主动搜索信息的受众，我们愿意积极通过媒体搜索自己感兴趣的信息，体现了新媒体时代我们作为受众的主动性。

另一方面，我们现在不光能搜索浏览媒介信息，也能积极与媒介内容互动，同时还可以积极传播和评论这些信息。比如在网络论坛或社区中积极发表言论和评论，在微博上分享自己所喜欢的言论、照片和视频等内容，还可以根据自己的喜好选择志同道合的人进行互动，即使信息在我们之间进行了分享和交流，也让自身获得了交流感和满足感。

其次，新媒体技术的出现，降低了受众参与媒介生产的门槛，部分人开始愿意积极参与媒介生产了，与此伴随的是用户原创内容的诞生，这正好代表了这类人的主动性和生产性。或许你能感受到，身边有越来越多的人在微博和社交媒体上发布信息、上传新闻图片和视频等，也有人间接地利用媒体上的信息进行创造性的再加工，比如网络上的各种剪辑等，这让我们在新媒体环境中拥有了更多主动性和话语权。

三、声音

• 双重身份的双面性

我们在网络世界中的这种双重身份，是传媒的进步还是危机？评价褒贬不一。其积极因素为：一方面，我们作为受众的角色转换，体现了现今媒体的开放性和信息传播的进步。这能够使媒体与受众最大限度地互动起来，从而保证了舆论的自由和受众的权利。同时，我们通过媒介发声一定程度上反映了民意，代表了社会的整体知觉，媒体与我们的这种互动，传播影响力大，客观上推动社会民主化进程，也起到了加强舆论监督、促进社会和谐的作用。例如在"孙志刚案件"中，网民的力量不可小觑。另一方面，保证了信息传播的效率和广度，加强了世界的沟通。新冠疫情的报道中，网络报道以及网民的帖子对"武汉加油，湖北加油"所表达的支持和宣传令人感动。另外，越来越多的人参与了信息的生产与传播，使集体智慧也成为新媒体时代受众积极参与信息聚合与共享特点的重要体现之一。

而这种双重身份也有其消极因素：如信息没有经过认真调查和专业媒体的筛选，导致一些有害或是虚假信息流入社会，造成恶劣的影响，轻则"不转不是中国人"，重则对我们造成巨大的心理创伤和经济损失。网络受众中有很大一部分群体并不具备发布信息的能力。我们也能感受到，网络上各种造谣事件层出不穷，很多谣言和假新闻传播速度惊人，但在后期却被反转，形成诸多的反转新闻，这些现象背后，传播者或多或少都应该承担一部分责任。

• 双重身份下的责任

一直记得有句话："别忘了，你脚下的土地就是中国，你怎么样，

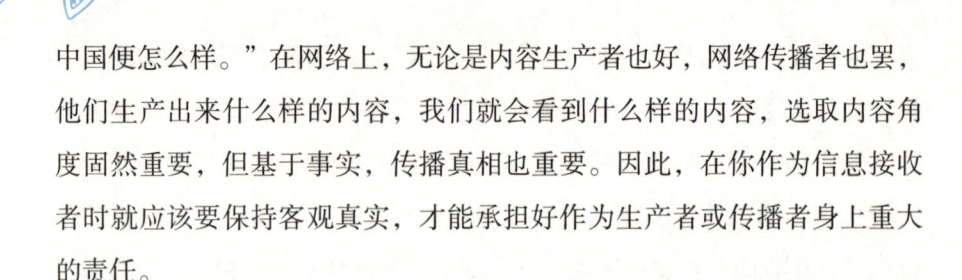

中国便怎么样。"在网络上，无论是内容生产者也好，网络传播者也罢，他们生产出来什么样的内容，我们就会看到什么样的内容，选取内容角度固然重要，但基于事实，传播真相也重要。因此，在你作为信息接收者时就应该要保持客观真实，才能承担好作为生产者或传播者身上重大的责任。

自媒体就像一个信息的自由市场，信息制造者如同生产者，作为源头，当我们在生产信息时，要重视"发送"和"转发"按键，不轻视和放弃判断力。加强自律、加强网络安全的教育，不生产"假冒伪劣产品"，扰乱这个信息市场的秩序。从自身开始提升公民责任意识，加强网络法律意识的学习，培育良好的社会风气。文明参与，争取人人成为正能量的传播者。过去说记者"笔下有人命关天、有财产万千、有是非曲直、有善恶忠奸"，如今在自媒体时代，对于我们有话语权的用户，亦是如此。

同时，作为消费者的信息接收者，也要擦亮眼睛，提高对假信息的辨别力。这需要我们不仅要有接收信息的能力，更要提高甄别信息的能力，对网上信息多些"问号"意识。换句话说，没有谁能在这个信息肆虐的时代"洁身自好"，保持自身接收信息的纯洁性，我们能做到的，是尽量不去随波逐流。

四、拓展

毫无疑问，互联网时代为人们的信息传播提供了前所未有的平台。发帖子、转微博、评新闻……轻轻敲打键盘，信息、观点、态度便汇入了互联网的海洋，每个人都能获取信息，也能成为传播者。但在享用这些便利通达的渠道之时，我们也要思考，如何善用这种表达的权利？

（1）网络空间上的意见表达不同于私人空间的随意自语，自媒体具有公共属性，能够影响社会。在享有发布信息权利时，也要尽到不造谣传谣的义务。在运用自媒体表达意见的同时，也要记得表达也意味着责任。不误用、滥用权利，不做伤及社会，伤害自己的事。

（2）在接收诸多信息时，要做到真假难辨的信息不转发，未经求证的信息不发布，转发信息时进行独立思考和理性判断，谨守法律和道德底线，看到谣言勇于提出质疑或纠正，更大程度上相信权威机构或人士的信息等。

（3）自媒体时代，每个人都应慎用自己的话语权，严谨理性地发布和转发信息。俗话说，"能力越大，责任越大"，当一个人具有影响社会风气的能力的时候，那么他也应当担负起维护社会风气、传递正能量的责任。

（4）原安徽大学新闻传播学院院长芮必峰认为，网络治理确有必要，但应该是理性地"疏"，而不是"堵"。他认为，首先要对网络言论有宽容的态度，保障人们自由表达的权利；其次，要逐步培育和提高人们的媒介素养；最后，适当的监管，对触犯法律底线的依法处理，触犯道德底线的自有千夫所指。

网络是一把双刃剑，作为网络受众的我们，行为也具有双重性。一方面可以推动社会向理想方向发展，但另一方面，也会给社会带来一些负面影响。在不断前进的过程中，我们争取改造作为网络受众或网民身上对社会进步不利的一面，对现实社会的进步做出贡献。从某种意义上讲，网络受众对社会发展起到了监督和促进作用。同时，我们通过参与网络社会中的各种社会事务，在网络社会获得相应的网络身份和网络阶层归属，这种虚拟的归属也会在一定程度上影响着我们在现实社会中的价值和行为取向，总体来说，从接收者到既是接收者也是生产者的身份转变，意味着我们对社会事务参与程度越来越高，这对于促进构建和谐社会的进程和提高解决问题的效率都能起到积极作用。

第四章 把垃圾信息挡在生活之外

21世纪是科技的时代，互联网技术为我们建构了与现实空间不同的网络空间。人类与大自然各类动植物，在现实空间里和谐相处。但在互联网时代里，虚假信息、谣言等垃圾信息一步一步地侵占了我们的网络空间，侵害着我们的精神世界。如何在信息爆炸时代，洗涤信息接收渠道，淘去粗沙淤泥，找寻有益于自身综合发展的信息，是我们青少年当下亟须关注的议题。

互联网传播：我的网络微平台

第一节　信息爆炸背后有隐忧

一、聚焦

我们生活中无处不存在着信息，犬吠声等动物叫声是一种听觉信息，向我们传递着动物情感变化的符号；月亮的阴晴圆缺也是一种信息，它解密了潮汐的变化规律。进入互联网时代后，信息的生产及传播打破了时空限制，信息量在不断增加，我们的信息接收渠道也不断被拓宽，网络空间的信息呈爆炸式喷涌进我们的耳朵里、脑海里。我们可以超越时空，了解信息，知晓身边及远距离发生的热点事件，但我们也应看到，在信息爆炸时代，虚假信息、信息茧房、信息孤岛以及信息依赖现象接踵而至，使得信息汪洋不再如大众媒介产生前的那般风平浪静。

我们该挑选何种信息去浏览？如何保障自己获取信息的效率与质量？如何在有限的精力里，安排各种信息的阅读时间？这些思考是有必要的，如果盲目地浏览信息，就有可能在信息汪洋中迷失方向。

小东是一名高中生，因受到新型冠状病毒肺炎疫情影响，他所在的学校要求师生组织线上教学，语文老师为班级同学布置了网上预习《出师表》的课前作业，将于第二天一早在班级讨论预习情况。这一天，当他正不解"今南方已定，兵甲已足，当奖率三军，北定中原，庶竭驽钝，攘除奸凶，兴复汉室，还于旧都"之时，手机弹出了一则个人账号发布的《浅谈关于刷酸爆痘》的文章。

正处于青春期的小东，对此颇感兴趣，点进去仔细阅读了致痘原因，以及如何有效通过刷酸控制痘痘生长，还和评论区的网友互动讨论，小半天之后才想起来自己还没有将课文预习好。另外，在小东浏览关于治痘的文章后，陆续收到了有关痘痘防控的文章，《选购防晒只看指数怎么行，认准标识、挑对成分，比防晒值更重要》《居家旅行必备的战痘攻略》《刷酸会使人变美，但不是所有人都适合刷酸，看看你到底适不适合》……小东不禁感慨道，这一下子给我推送得也太多了。

第二天早课，老师开始抽查同学们的预习情况，要求同学讨论自己在预习时遇到不解的地方，并说出自己解决疑点的方法和感受。"小东，你来谈一下"，老师在网络课堂点到了小东的名字，示意小东点击发言。小东着急不已，点开麦后汇报预习情况也不太流利，老师或许察觉到小东预习情况并不好，便又点了小明的名字，将课堂讨论继续了下去。课后，语文老师与小东私信聊天，问道："小东，老师想问一下，是你预习的时候状态不佳，还是发挥得不充分？"小东满怀愧疚地回答道："老师，不好意思，其实我在预习的时候，手机一直在给我推送各种各样的信息，我就点开了其中一条关于'祛痘'的文章，然后一直给我推送相关祛痘文章，我就一边看文章，一边预习，慢慢地就被分散了注意力，忘了预习这回事了。"

老师在小东说出原因后，语重心长地说道："互联网的信息太多了，我们稍不注意就会陷入一种面对海量信息而无所适从的状态，分配好时间用途，合理安排网络冲浪时间，将会很大程度上提高我们获取信息、学习知识的效率。"

网络的互通性、便利性，让我们能更高效地了解及熟知各种各样的媒介，使我们都拥有了表达心声的"麦克风"，成为信息的生产者和传播者。在信息潮流中，我们是需要信息，还是需要有价值且适合我们的信息，以及怎样找到有价值的信息，这是我们当下需要仔细思考的话题。下面，我们将从"信息爆炸"一词着手，探讨我们青少年如何在信息汪洋中如何找寻适合自己的一叶扁舟。

二、解析

- **大众媒介产生前：艰难的信息生产与传播**

在中国古代，信息表现形式比较单一，以口头话语、书籍及书信为主，信息的传播颇为不易。古有周幽王为博褒姒一笑，以烽火戏诸侯之故事。烽火作为一种传递信息的方式，在发生战事或遇到敌情时，可以有效地传递战情与军令，但建造烽火台、运输燃烧原料在古代是颇费周章的，需要先进行烽火台选址，再花费大量的人力物力建造，并配备专人收发烽火信号。

除此之外，信鸽也是古代人们常用的信息传播载体之一，人们将训练有素的信鸽，作为与他人沟通的媒介，构建了较为快速的沟通渠道，但这种方式也伴有高度的不稳定性，比如遭遇恶劣天气信鸽无法飞行、飞行途中不幸被猎人捕获等。因此，我们不难看出，在大众媒介产生前，信息的生产及其传播是比较艰难的。

- **传统媒介产生后：信息生产与传播得以简化**

传统媒介主要包括纸质媒体、电视、电台等，信息的生产与传播在传统媒介的助力下逐渐变得简单起来。新闻工作者可以借助机器与卫星信号快速地生产和传播新闻，将信息广泛地传播给人们。收音机作为传统媒体时代人们接触得比较频繁的媒介之一，常见于家庭音响与汽车，通过收听不同的频道，人们可以听到不同类型的新闻及信息。通过使用连接卫星信号的收音机，人们便实现了接收信息这个行为，与传统的烽火、信鸽相比，信息的生产和传播得到了简化。

- 进入新媒体时代：信息呈爆炸趋势涌现

新媒体是相对于传统媒体而言的，主要包括智能手机、互联网及各种客户端等，进入新媒体时代后，信息的生产者不仅包括专业的新闻工作人员，还包括广泛的群众，甚至网民的一举一动，都会引发信息的生产及传播，因此，我们所接触的信息的数量在不断增多，信息犹如爆炸般涌进我们的视线里。

什么是信息爆炸？简单来说，就是随着互联网技术的深入使用，信息的增长速度不断加快，各类新闻信息、娱乐信息、科教信息等迅速占据了我们的视线，使我们出现了信息超载的不适感受。信息爆炸是不可避免的，互联网使得我们有了发声的"麦克风"，我们时刻都在生产着信息，同时，网络将单个的个体串联成网，钩织了一张极其宽泛的社会关系网，使得每个人的信息都可以共享，更是加速了不同信息在不同人群之间的传播。比如活跃在各个网络社交媒体上的网民，以知乎、百度贴吧为代表的论坛交友式平台用户，以西瓜视频、抖音等影音分享式平台用户等，都有可能成为信息的生产者和传播者。

- 信息爆炸后遗症

信息爆炸意味着什么？互联网时代的信息太多了，多到让我们无所下"眼"去认真阅读，无法用"心"去认真体会。目前，我们正经历着一个快消费的时代，人们为了看到更多的信息，总是倾向于快速阅读内容，然后浏览下一条信息，可是在这样的快速阅读后，我们能记住的、能理解的、能切身体会到的又有多少呢。

信息爆炸还为我们构筑了信息茧房与信息孤岛，媒体通过运用算法推荐技术，将广大群众及专业人员生产的诸多信息进行整合推送，我们极易被自己的兴趣所引导，进而陷入契合自身爱好的信息茧房，慢慢便会分散注意力，失去了追求其他信息与知识的动力。

此外，垃圾信息的频出也是信息爆炸的后遗症之一。那什么是垃圾信息呢？我们可以将垃圾信息视作无用信息、有害信息。无用信息即不

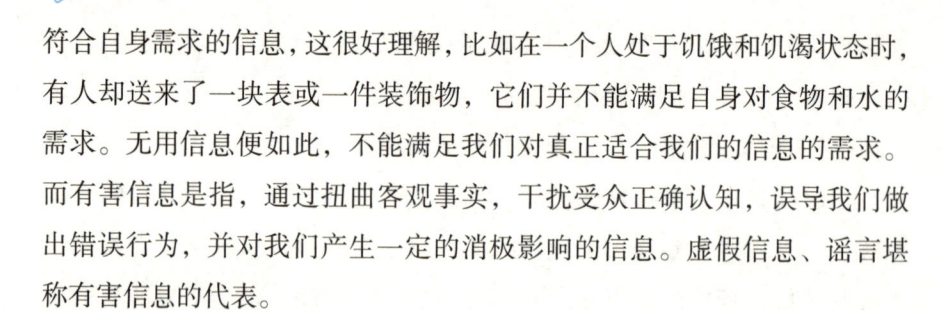

符合自身需求的信息，这很好理解，比如在一个人处于饥饿和饥渴状态时，有人却送来了一块表或一件装饰物，它们并不能满足自身对食物和水的需求。无用信息便如此，不能满足我们对真正适合我们的信息的需求。而有害信息是指，通过扭曲客观事实，干扰受众正确认知，误导我们做出错误行为，并对我们产生一定的消极影响的信息。虚假信息、谣言堪称有害信息的代表。

三、声音

• 思考我们是需要信息，还是有价值的信息

互联网上的信息包罗万象，我们每天看微信公众号，刷抖音，都会浏览到各式各样的信息。但我们是否做了这样一个思考，这些信息于我们有价值吗，或者说能为我所用吗？"价值"一词，就如同一万个人眼里有一万个哈姆雷特，不同人对它有不同的理解，而对我们青少年来说，有价值的信息体现在对学习的促进，对成长的正确引导，以及对青春期负面情绪的释放等方面。

怎么样寻找有价值的信息呢？首先，在面对互联网上繁杂的信息时，我们要保持沉着冷静的态度。当我们置身于信息洪流中，或许显得极为渺小，面对如同浩瀚星空般的信息，我们对信息的需求或许可以轻易地被突如其来的某条博客、某个文章的弹窗所分散，所替代。因此，保持沉着冷静的态度，对信息需求的清晰认识，是我们认清有价值的信息的第一步。其次，协调信息偏好。我们或许对某一类信息存在依赖与偏好，进而将大把的时间花在寻找及阅读相关信息上，从而忽略了其他有价值的信息。比如我们当中有些人爱好追星，每天在微博上浏览明星动态，却没有注意到，微博也有许多教育博主，他们会每天在微博上更新学习小知识，不管是单词辨析，还是古文诗句分享，都有益于我们青少年的学习与成长。

• 认清垃圾信息和谣言对成长的危害

随着我国互联网的逐渐普及，网络几乎每时每刻都陪伴在我们各个成长阶段中。我们通过网络翻阅电子书、线上购物、聊天，观看电影以及小视频，浏览各种信息。因此，面对有着负面作用的垃圾信息，我们

更要好好地审视，充分了解垃圾信息给我们成长带来的各种危害。

垃圾信息会干扰我们世界观、价值观、人生观的形成。网络使我们青少年有了共通的渠道，去分享交流每个人的人生经历、价值取向、理想目标。但在自己所参与的青少年群体网络中，会出现某个成员思想、行为、语言出现偏差，发生比如宣扬逃课、斗殴等负面行为，这时便需要我们认真地审视该信息对青少年成长的危害，只有认清了垃圾信息的负面效果，才能更好地采取规避行为。

谣言会加重青少年群体的负面情绪。陈宇晴曾指出，后真相时代的谣言与社交媒体提供的碎片化事实相关，人们往往通过"碎片化事实"进行不完全归纳，进而产生某种情感，并最终采取某种"绝对正确"的行动。这种"绝对正确"的行动可以看作一种应激反应，由于青少年未对谣言建构起完整的心理防线，当谣言从影响简单的认知层面到作用于情绪感染时，易带来青少年应激反应的增强，进而可能出现情绪失控、行为失准等现象。

• 合理安排网络活动时间

合理安排网络活动时间，也是青少年有效规避垃圾信息的途径之一。网络信息多种多样，如果毫无方向与计划地浏览，将我们有限的时间花费到于自身学习与成长无用的信息上，那无疑增加了使自己陷入信息漩涡而不能自拔的风险。因此，我们作为积极向上的青少年，更要合理选择信息接收渠道，规划网络活动时间，使自己最大程度汲取网络上有益于自身发展的知识。除了规划在平台上的使用时间，我们也需要规划在某一热点事件出现时我们的反应、表态、站位时间，不急于表态，保持理智回应，也是我们青少年规避不理智网民发出的极端言论影响的方式之一。

四、拓展

网络上如此多的信息，是怎么进入我们的接收渠道的呢？我们又是怎么样不知不觉地被技术带入信息孤岛的呢？下面，我们将介绍可以实现"人在家中坐，新闻从天来"的算法推荐，以及"请君入瓮"的信息茧房。

1. 算法推荐新闻

我国多位新闻传播学专家对算法推荐新闻模式做了定义，周勇、赵璇认为，算法新闻的本质是努力实现"信息与人"的匹配；刘存地、徐炜根据算法推荐原理把推荐算法分为五类，即协同过滤推荐算法、基于内容的推荐算法、基于关联规则凭借大数据相关性发现能力以实现预测用户需求的推荐算法、结合用户偏好变化和满足程度的基于效用的推荐算法、以用户资料中能够支持推理的知识结构为基础进行预测的基于知识的推荐算法。

关于算法推荐，我们青少年需要了解的是，算法可以将信息与人的需求匹配起来，还可以根据浏览过的内容为我们推荐相似的内容，大大提高了我们了解相关信息以及新闻的效率，但算法推荐也有一定的弊端，即会为我们建构一座信息孤岛，只会为我们推荐部分我们所想看到的内容，将我们围在信息茧房中。

小华是一名在校大学生，平时没课的时候喜欢刷一刷抖音，这一天他看到了一条关于随着音乐反转变装的视频，觉得颇为有趣，便反复观看了几遍，当他下滑浏览下一条视频时，发现还是同样的配乐，同样的换装主题，再往下滑，主题也同之前看过的视频一样。小华开始纳闷起来，为什么抖音会频繁地为他推送相同配乐和主题的视频呢？他带着疑惑找到了曾经教授过他《传播学理论与方法》的李老师。

李老师说道："这其实是算法机制运作的结果，大数据发现了你在换装视频里停留时间较长，预测你对此类主题的视频感兴趣，便基于内容与预测用户需求的算法推荐技术，为你推送了多条关于换装主题的视频。"

2. 信息茧房

信息茧房是算法推荐技术运用的结果，是指人们关注的信息领域会习惯性地被自己的兴趣所引导，然后慢慢地把自己困在一个如茧房一般的信息环境中。想象一下，我们生活在一个看不见的信息茧房中，而我们身边的每个人都有着自己的兴趣爱好，这意味着我们每个人都有着独特的信息茧房，它将我们的友好分享、经验交流隔离在茧房外，使我们不同青少年群体之间的交流逐渐淡化。

同样还是小华同学，当平台基于预测用户需求的算法推荐为他推送了很多视频后，他发现他的抖音推送的视频越来越同质化，要么是女生换装，要么是男生扮丑后画风一转又变帅的视频。李老师针对此事又解释道："这其实就是算法推荐造成的不良结果之一，它把你困在了你自己所喜好的信息茧房里。"

我们正经历着一个前所未有的信息洪流时代，每天接触的信息五花八门，但也永远不可能接触和了解所有的信息。而在这样的一个时代里，我们青少年要对信息的生产及传播由难入易的过程有所了解，才能对信息爆炸背后的隐忧有深入的认知和体会，只要我们保持面对诸多信息的沉着冷静，认清垃圾信息对我们成长的危害，便可以踏上信息汪洋中的扁舟，找到真正有价值且适合自己的信息。

互联网传播：我的网络微平台

第二节 如何在海量信息中淘金

一、聚焦

我们生活在一个信息爆炸的时代，信息犹如空气一般，时时刻刻陪伴着我们。信息的种类繁多，表现形式万千。下面，让我们通过一个小故事去认识海量信息中不同信息的特征。

春分已过，现在的渝城温度正在慢慢回升。在艳阳高照的一天，住在渝水水畔的小强决定外出散心闲游，当他走出家门准备乘坐公交时，发现车上的人们十分拥挤，此时他灵机一动，心想乘舟泛水，吹吹江风也不错，便走向了江边的轮渡售票处。或许是人们许久未曾光顾轮渡了，售票人员在小强还未走近时，便招手吆喝，示意小强体验体验泛舟之趣，同时还用手指了指小强的右手边处，那里可以避开游客排队隔栏，直接到达售票处。接着，售票员告诉小强，轮渡单程票价为20元/次，小强付款后便

上船倚栏，随着轮船汽笛的发出，船随着西南风缓缓向对岸驶去。

下了轮船后，小强看到岸边路牌指示向左500米有一家书店，他想着对着江边晒晒太阳看书的话，既体验了人文气息，也享受了自然之美。随着书店门一声"欢迎光临"的提醒响起，小强闲庭信步般地走向了书架，挑选了一本介绍如何在信息洪流中找寻有价值的信息的书籍，他看得津津有味，但不一会儿眼睛逐渐开始疲劳，此时书店老板走近说他那里还有书籍的电子语音版，用眼过度时还可以戴上耳机听书，小强微笑示意，感谢书店老板的盛情之意。

一天的出行安排在傍晚时结束，小强在收获满满后踏上了回家的路，路上晚风阵阵起，吹掉了过冬后的干枯树叶，小强在风中忽然感到一阵寒意，想起前几天电视上天气预报说过接下来的几天渝城将有一场寒潮过境。回家后，窗外开始飘起细雨，小强感慨道，天气真是变化无常啊。

以上的这一则小故事看似普通，却向我们透露了生活中存在的各种各样的信息，同学们在中间找到了哪些信息呢？下面我们将一一揭示上文中无处不在的信息。

信息与社会息息相关，信息既包含了人类社会中产生的社会信息，也包含了来自大自然的非社会信息。相信我们都能直接看到，轮渡单次价格是一条信息，岸边路牌所示书店距离也是一条信息，它们以数值的形式精确地告诉了我们所要了解的价格和路程。而社会信息远不止价格和指路牌，具体可以分为两类，即功能性信息和非功能性信息。

功能性信息，它指透过具体的信息形态，指导人们可以做什么的信息。进书店时，"欢迎光临"的提示声是一种社会信息，起到表示欢迎态度的作用；小强对店主微笑示意，也传达了一种友好感谢的信息；公交车上人们十分拥挤，这其实也向人们传递了一种社会秩序，是人们喜欢在春日外出游玩时的体现。那何为非功能性信息呢，我们可将一般的，没有传递特殊意义和知识的信息视作非功能性信息，比如类似123456789，在没有特定情况的约束下，它就仅为一串数字。非社会信息

即自然信息，是指发生在自然生态环境里的各种信息，上文中的风吹落叶、飘起细雨就是一种非社会信息，向我们揭示了季节更替和冷暖变换。

进入互联网时代后，信息的总量持续增加，为了迎合大众浅表化的快速阅读和猎奇心理，许多良莠不齐的信息在互联网上生产和传播开来，阻碍了我们了解有用信息的途径和内涵。下面，就让我们一起探讨，如何在信息爆炸时代，洗涤信息接收渠道，淘去粗沙淤泥，找寻有益于自身综合发展的信息。

二、解析

- 什么是有价值的信息

信息的价值性，我们可以这样去理解，从信息内容本身来看，有着及时性、有效性、客观性，具有强烈的指导意义或教育意义的信息可以视作有价值的信息；从形式来看，符合我们接收环境和接收渠道的信息，可以视作有价值的信息；从我们的需求来看，信息满足了我们对某个事件或者人物的认知需求，或者情感释放需求，也是有价值的信息。

举个简单的例子，央视新闻有着及时性与客观性、权威性，书籍对我们起着较大的指导作用，通过观看央视新闻和书籍等，我们可以了解最新发生的客观事实，汲取不同的知识，它们内容优质，又满足了我们的认知需求，这些对我们来说就是有价值的信息；当我们处于用眼过度时，手机播放的电子语音版的书籍就是一种有价值的信息；当我们处于高压状态，心情烦闷的时候，抖音上的搞笑视频、旅游视频对我们来说也有价值，因为它们起到了释放压力、疏缓心情的作用。

- 微平台与信息

第二章中我们介绍了微平台的定义和特点，广义的微平台是指以新媒体技术为基础的各种网络平台，狭义的微平台则指微信公众智能服务平台。微平台上的信息各种各样，每一个微平台都相当于一个信息集合体，汇集了海量的娱乐信息、教育信息、时事信息等各类信息。

各种微平台上的信息海量多样，使我们不知道从何处开始去挑选寻找有价值的信息，也让我们的认知习惯变得碎片化与浅显化，有价值的信息常常出现在哪些微平台呢？我们可以先给微平台归类，我们日常使用的微平台包括社交类平台、教育类平台、娱乐资讯类平台、短视频平台，而对于我们青少年来说，有关学习与成长的信息尤为重要，许多励志故事、科普小知识在教育类平台以音频、视频、文字、图片的形式帮助我们建构积极成长的心态，为我们介绍有效的学习方法。

• 有价值的信息会带来什么

有价值的信息能提高我们青少年的学习素养与媒介素养。目前，多个学习微平台为我们提供了教育信息，例如单词打卡、云课堂、慕课等，通过它们，我们可以学习各种知识，提高我们的学习素养。同时，在接触这些信息的过程也会让我们养成一种良好的媒介素养。何为媒介素养，简单来说就是人们理解信息的能力，以及在面对各种信息的所采取的举动。面对海量的教育信息，我们会不由自主地进行挑选和学习，在这样的过程中，媒介素养得以建构。

信息往往会满足我们的基本认知需求，而微平台上的各种有价值的信息除了让我们对身边的大小事有一个客观的认知，还会加强我们在互联网时代的线上线下人际交流。在信息爆炸的时代，各种热点事件信息经由互联网向我们即时传递，成为人们的饭后谈资。以新闻报道为例，当央视新闻解读某项国家政策时，人们可以在手机客户端浏览视频或文章，再在评论区或者线下参与讨论。由于国家政策具有高度的社会共同关注度，涉及多个社会群体的利益，人们在浏览新闻后会广泛参与网友或亲朋之间的讨论，进而在共同参与中加强我们在线上和线下的人际互动。

三、声音

• 合理选择微平台

进入互联网时代后，各种微平台成为我们获取信息的主要渠道。在微平台上，信息的传播更为迅速和方便，而我们碎片化的时间也因智能手机和微平台的出现，利用效率变得高了起来，坐公交、饭后娱乐等时间都可以拿来登陆微平台查看信息，我们接收的信息量也随之不断增加。

微平台如同我们吃饭时使用的餐具，在我们获取信息的过程中扮演着重要角色，因此要在众多信息大餐中找到自己喜欢的、有价值的信息，首先要选择合适的微平台。我们日常使用的微平台包括社交类平台、教

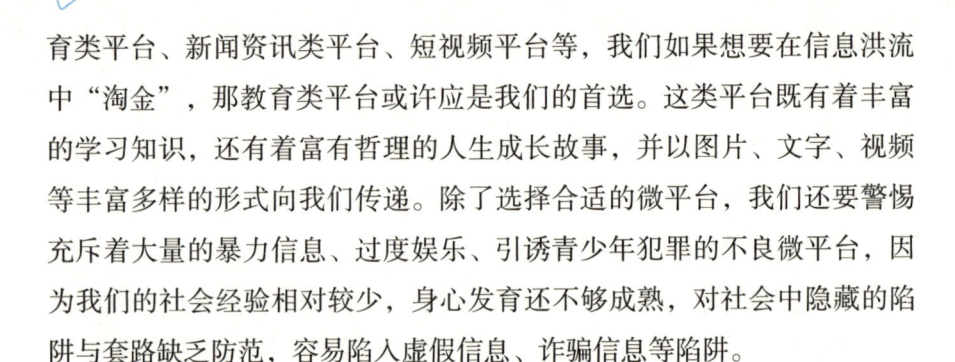

育类平台、新闻资讯类平台、短视频平台等，我们如果想要在信息洪流中"淘金"，那教育类平台或许应是我们的首选。这类平台既有着丰富的学习知识，还有着富有哲理的人生成长故事，并以图片、文字、视频等丰富多样的形式向我们传递。除了选择合适的微平台，我们还要警惕充斥着大量的暴力信息、过度娱乐、引诱青少年犯罪的不良微平台，因为我们的社会经验相对较少，身心发育还不够成熟，对社会中隐藏的陷阱与套路缺乏防范，容易陷入虚假信息、诈骗信息等陷阱。

• 关注框架与逻辑

移动互联网为普通受众提供了便捷的发声和获取信息渠道，面对着海量的信息，我们在选择微平台后，又该怎么样去迅速找出并解读我们想要的信息呢？加拿大著名的社会学家戈夫曼于1974年在《框架分析》中提出了"框架"一词，他将框架定义为人们用来认识和解释社会生活经验的一种认知结构，它能够使它的使用者定位、感知、确定和命名那些看似无穷多的具体事实。框架是个人将社会生活经验转变为主观认知的重要依据。在认知心理学看来，框架就是个人用来处理外部世界信息的模板，而在这个意义上，戈夫曼的"框架"概念近似于认知心理学常用的"解释图式"或"脚本"概念。

不难看出，框架贯穿于书籍、信息的整体当中，也可以是人们认知和理解信息的一套工具，作为受众的我们，找出信息的框架就成功理解了信息的一大半，相当于我们做英语阅读理解一般，把握文章当中的总体行文结构逻辑关系，便能对文章有个大概认识，进而快速分辨哪些是我们想要的信息。

除了运用框架分析方法去分辨信息，关注文章、信息的理由、结论、事实、逻辑关系也是可行之径。当我们面对诸多信息不知所措时，可由结论入手，清楚信息传递者想要表述的意思，再从理由、事实、逻辑关系进行多方印证。

• 规划信息处理方式

面对海量信息时，规划信息处理方式也是淘去粗沙淤泥的有效途径。当前我们仍面临着升学等各种压力，课下时间与精力有限，因此制订合理的阅读原则，有一个明确的阅读安排，可以在一定程度上规避垃圾信息的干扰，找到有价值的信息。那么我们应该如何规划信息处理方式呢？首先，应主动建立自己的阅读库，只有在阅读大量的信息之后，才能分辨出哪些信息为精华或糟粕；其次，定期整理信息库，将自己过去在各个微平台浏览或收集到的信息进行整理归类，剔除无用信息或失去参考意义的信息；最后，对信息进行加工重构，吸收甚至在未来运用这些信息。

四、拓展

信息如潮水一般通过各种微平台向我们涌来，使得我们有时会犯"选择困难症"，如何挑选合适的微平台，以及如何在微平台上找到自己想了解的，对我们的成长和学习有益的信息呢？下面我们就来认识一下几个具有代表性的微平台。

1. 新闻资讯类：人民日报 APP

人民日报作为中国共产党党报，时刻关注国内外情势及各国国家领导人动态，传播国内外各领域信息。为适应媒体变革形势，加快传统媒体与新兴媒体融合发展，人民日报 APP 便走进了我们的生活。打开 APP 便会看到各种时事热点新闻，且为读者提供了多种频道，比如云课堂、汽车、美食、热点、问政等，还包括不同省市的地方频道，读者可根据自己的兴趣添加频道，并在频道内部浏览各种信息。人民日报 APP 作为我国最具影响力的新闻咨询类平台之一，所传播的信息优质且海量，对青少年学习和成长阶段有着积极作用，可称之为海量新闻咨询信息的"金沙"。

2. 社交类平台：微信

微信作为我们日常使用较为频繁的社交软件之一，除了实现我们与亲友之间的交流，还为我们推送了各式各样的信息。微信公众号是人们在微信上获取众多信息的有效渠道，通过关注不同种类的公众号，我们便可收到不同主题的微信文章，并从中获取相应的信息。我们可以关注与自己兴趣相符的学习、运动、科技等公众号，但要在众多文章中找出

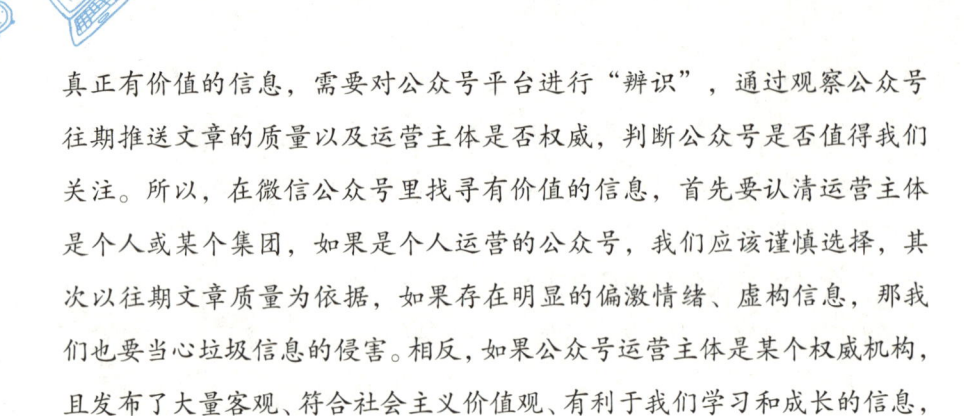

真正有价值的信息，需要对公众号平台进行"辨识"，通过观察公众号往期推送文章的质量以及运营主体是否权威，判断公众号是否值得我们关注。所以，在微信公众号里找寻有价值的信息，首先要认清运营主体是个人或某个集团，如果是个人运营的公众号，我们应该谨慎选择，其次以往期文章质量为依据，如果存在明显的偏激情绪、虚构信息，那我们也要当心垃圾信息的侵害。相反，如果公众号运营主体是某个权威机构，且发布了大量客观、符合社会主义价值观、有利于我们学习和成长的信息，那我们应该持续跟进。

3. 视频平台：哔哩哔哩

哔哩哔哩是国内年轻世代高度聚集的文化社区和视频平台，被广大用户称为"B站"。许多用户在初次使用哔哩哔哩时往往会聚焦于该平台内许多视频工作者原创的搞笑、娱乐等类型视频，但该平台也是一个获取学习信息与资源的利器，它专门打造了"青少年模式"，为我们青少年严选优质学习内容，让我们更合理地使用互联网学习。青少年模式下的哔哩哔哩，可以让我们观看空中课堂直播，且还为我们推送文学、航空航天、生活小妙招等专业知识和生活温馨小提示，在平台这个层面过滤掉许多影响我们学习的信息，展示有利于促进青少年成长和学习的资源。

互联网上的信息多种多样，我们或许在使用各种微平台的过程中对海量般的信息感到迷茫，对如何选择有价值的信息感到不知所措，但相信只要我们合理选择微平台，定期整理信息库，养成接收和阅读信息的良好习惯，便能慧眼识金，在信息洪流中淘出有价值的"金沙"。

第三节 擦亮双眼智辨谣言

一、聚焦

互联网的出现为网络谣言提供了极大的便利，各种谣言在不同网络平台产生并传播，对我们的生活和社交产生了一定的消极作用。谣言是如何产生的？谣言的具体危害有哪些？我们面对谣言第一时间的行动是什么？这些问题都值得我们仔细思考。下面，就让我们认识一些发生在周边的谣言吧。

1. 娃娃菜、蕨菜等蔬菜致癌

【谣言】前些日子，一篇题为《卫生组织曝：4种蔬菜已被拉入致癌名单，记得劝家人少碰》的文章在朋友圈热传。文章称，娃娃菜、蕨菜、西葫芦和红凤菜这四种蔬菜被卫生组织列入致癌名单，以后都不能吃了。经"浙江在线"核实后，发现世卫组织公布的致癌分类中并不包括上述四种蔬菜，网帖以貌似权威组织的名义来吸引眼球。其次，这四种蔬菜中，红凤菜和蕨菜的确被证明有一定毒性和致癌性，需要引起警惕。

【辟谣】该谣言部分观点认为，娃娃菜致癌，致癌原因是甲醛；蕨菜致癌，致癌原因是原蕨苷。中国互联网联合辟谣平台就此分别辟谣，甲醛不是食品添加剂，在娃娃菜里添加属于非法添加物，所以正规渠道购买的不添加违法添加物质的娃娃菜是不会致癌的，吃菜群众大可不必

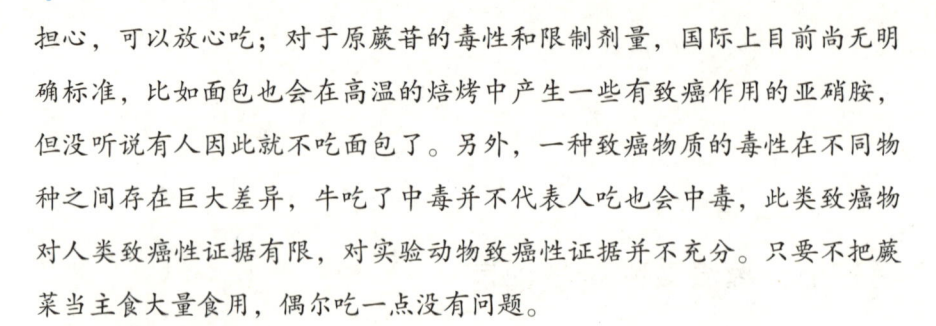

担心，可以放心吃；对于原蕨苷的毒性和限制剂量，国际上目前尚无明确标准，比如面包也会在高温的焙烤中产生一些有致癌作用的亚硝胺，但没听说有人因此就不吃面包了。另外，一种致癌物质的毒性在不同物种之间存在巨大差异，牛吃了中毒并不代表人吃也会中毒，此类致癌物对人类致癌性证据有限，对实验动物致癌性证据并不充分。只要不把蕨菜当主食大量食用，偶尔吃一点没有问题。

2. 熏醋可防流感

【谣言】每当遇流感频发季，中小学幼儿园的家长群里，各种请假信息频现，有不少家长在群里分享熏醋预防感冒的偏方。而为什么偏爱熏醋这一偏方呢？许多家长认为，"醋能杀菌，我们小时候家里就用这法子"。

【辟谣】首都儿科研究所新生儿内科医生胡晓明表示，一些医学书籍仍把"食醋熏蒸法"作为空气消毒的方法，还给出了具体数据，如：食醋空气消毒每立方米 5 至 10 毫升醋，以此计算，一个 100 平方米左右的居室，3 米层高，消毒一次需要 1 至 2 升的醋。现在一般市售食醋为 500 毫升左右，这样算来，每次消毒居室需要 2 至 4 瓶醋。这样做或许能起到一些作用，可这么花钱还费劲，跟开窗通风 20 分钟达到的效果是完全一致的。事实上，在密闭空气中若长时间地熏醋，往往会引起呼吸困难，还有可能出现恶心等症状。熏醋会刺激呼吸道黏膜，对敏感的婴儿、儿童、老人及有哮喘病史的人而言，很可能诱发呼吸系统疾病，所以，并不建议在密闭空间中熏醋，最直接的方法为开窗通风。

3. 三峡大坝已变形

【谣言】近期，一则"三峡大坝已变形，溃堤在即"的言论流传于社交网络。而从所谓的变形图片上，可以看到三峡大坝坝体有明显扭曲，但中国航天科技集团发布微博，称我国"高分六号"卫星拍摄的影像显示，三峡大坝的坝体并没有出现明显弯曲。

【辟谣】中国资源卫星应用中心高级工程师王海波对此表示，"高分六号"卫星算高分辨率的卫星，它的分辨率是两米。一景影像，就是幅宽是90公里，对于这个目标区域来说是不需要拼接的，所以我们看到的就是一张完整拍摄的图片。为了进一步多方验证，央视财经记者又找到了国家地理信息公共服务平台网站，上面的卫星地图同样可以看到，三峡大坝坝体并无扭曲。那么，这张网传的扭曲图片究竟是从何而来呢？根据图片出处，记者打开了谷歌地图的中文网页，发现上面卫星地图中的三峡大坝看上去确实与网传图片一致。对此，专家解释，卫星图片在成像过程中可能受多种因素影响而出现这样的情况。中国资源卫星应用中心高级工程师王海波进一步解释称，比如受航天器的姿态、速度、地球曲率，尤其是受地形起伏和地表建筑的影响。只要有一个出现问题，就会出现这种图像扭曲的情况。这个是需要地面做后期处理，才能够达到几何定位精度比较准确的情况。

谣言作为一种互联网社交环境下的常见现象，许多人会被它的伪科学、伪权威等特点所吸引，许多自媒体账号为了吸引眼球和牟取利益，捏造不实信息，编造各式各类的谣言去吸引我们的注意力。谣言对我们的认知、行为、生活、学习等都产生了负面作用。2019年底，我国出现新型冠状病毒疫情，这场疫情使我们度过了一个宅在家的春节，同时也对中国的经济、社会等多方面造成了严重影响，而伴随着病毒而来的，还有许多网络谣言，它们侵害着我们的精神世界。下面，我们将结合新型病毒疫情，一层一层剥开谣言的特点，以及对我们所产生的负面作用，并分析面对谣言我们该如何自处。

二、解析

- 谣言的演变有着一定的时间线

初始阶段：歪曲部分细节，混淆公众认知

当我们一开始遭遇突发公共卫生事件的时候，由于事件的始末及各种原因仍未清晰，我们对其缺乏正确的认知，造谣者往往会在现有事实基础上歪曲细节，营造出一种接近真相的假象以获取我们的注意力。在新冠肺炎疫情发生前期，部分谣言比如"武汉爆发的神秘病毒已被证实

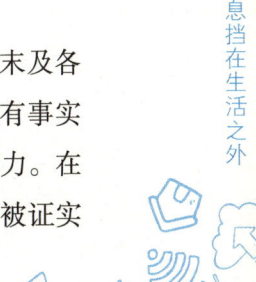

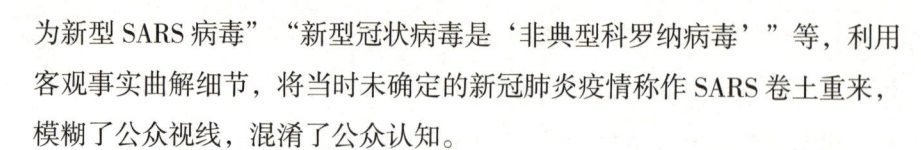

为新型SARS病毒""新型冠状病毒是'非典型科罗纳病毒'"等，利用客观事实曲解细节，将当时未确定的新冠肺炎疫情称作SARS卷土重来，模糊了公众视线，混淆了公众认知。

发展阶段：利用大众情绪营造社会焦点

随着新冠肺炎疫情持续演变和科研攻关力度加大，我们对疫情的认知逐渐变得清晰起来，开始聚焦于疫情防护、国家治理疫情措施等方面，在疫情防控的参与和对热点事件情绪的表达中逐渐活跃起来。与此同时，谣言的特征也随之发生转变，一种带有强烈的情绪感染的谣言逐渐在我们的朋友圈、微博平台产生并传播。

倦怠阶段：迎合大众偏见误导价值取向

谣言除了具有情绪感染的功能，同时还能起到价值动员的作用。在疫情的倦怠期，由于疫情走势逐渐好转，我们不再像疫情发展前期和中期那样关注疫情热点事件，而是开始投入对疫情本身的思考中。此时，迎合部分群众对整个疫情事件的偏见，进而误导社会价值取向的谣言开始出现。价值型谣言，对互联网空间同样是一种干扰，它不利于健康网络环境的营造。

• 谣言的消极作用

在抗击新冠肺炎的进程中，我们除了收到官方发布的疫情动态以及治疗方案等信息，相关谣言也利用大众恐慌心理进入受众接收信息渠道并在互联网空间中传播。网络谣言不仅影响群众对疫情防控的正确认知，还会阻碍受众进行正确的救治行为。

人们相信未经科学谨慎证实的信息无疑会加大新冠肺炎疫情防控难度，受众进行错误的救治行为也会增加其他疾病风险。一则消息称上海药物所、武汉病毒所联合发现中成药双黄连口服液可抑制新冠病毒，此消息在网络发布并在短时间内广泛传播后，引得网民纷纷购入并服用双黄连，致使双黄连一夜之间供不应求，甚至还出现部分网民购买兽用双黄连口服液，某男子身体不适后不及时就医反而

依靠双黄连口服液治疗病情等失常现象。

在疫情发生初期，有网友表示人中涂抹风油精可以预防新冠，除此之外，网传钟南山院士建议盐水漱口也可有效预防新冠。此类谣言未经过科学研究其是否可行，但一时间人们都相继加大对风油精的购买，加剧了社会原本对因治疗新冠肺炎途径不明确而产生的恐慌。谣言除了加剧我们的恐慌情绪，还会为我们造成一种应激反应。疫情防控情景下，当谣言从影响简单的认知层面到作用于情绪感染时，极易带来受众应激反应的增强，出现情绪失控、行为失准等现象。受众的应激反应不仅影响自身的疫情防控行为，还会将谣言及负向情绪经由互联网传播给他人，进而造成一定程度的社会不良影响。

三、声音

- 对信息进行甄别

那么，我们该如何甄别信息，辨别谣言呢？首先，留意发布来源。谣言归根结底仍是信息的一种，既然是信息，那就会有发布的来源，我们在甄别信息是否为谣言时，首先可以做的是辨别发布信息的来源，看这些信息来源于哪些平台，这些平台是否被官方所认证，或这个信息是否为官方发布的信息，如果既不是官方认证的平台，也不是官方发布且带有煽动性、隐蔽性词汇的信息，那么我们需要对这则信息所含内容持谨慎态度，面对这样的信息我们要做到"不理谣、不信谣、不传谣"，真正地把"谣言止于智者"落到实处。

其次，判断信息目的。一则发布的官方信息是有着相应用意的，或为了通知，或为了警告，或为了宣传等，但不论是哪一种都是具有一定的正效益性，对我们青少年的思想起到一定的引导和升华作用，而谣言对我们几乎不起积极作用，还会带给社会一系列的负面效应，例如引起恐慌、煽动负面情绪、扰乱社会治安等。我们可以通过对信息目的的判断，推演这则信息所带来的一系列后果，也能够对这则信息做出一个较为理

智的选择，是相信或辩证看待，又或者是举报投诉。

最后，借助传播渠道进行信息鉴别。在数字媒体时代，信息可以借助多种多样的媒介进行传播，比如微信朋友圈、QQ空间、微博等，也正是这些载体的出现才给了谣言越来越多的传播渠道，一则信息不论通过什么渠道进行传播，都会有相应的出处和发布机构，甚至有些信息以"红头文件"的形式向我们展示，但像一些纯文字型的信息，且内容与生活常识不符，无科学依据，在各大家庭微信群、QQ群里传播，这样的信息有可能就是谣言，面对这样的谣言信息，要能做到"不转、不传、不发"。

• 提升信息辨别能力

疫情发生期间，除了病毒在人体以及社会群众中传播，信息流行病也感染着受众的认知世界。2020年2月2日，世卫组织在一份报告中聚焦了"信息流行病"一词，认为在此次疫情暴发期间，大量真假难辨的信息借助社交媒体传播，其传播速度远超病毒传播。2月12日《麻省理工学院技术评论》刊了《新冠病毒实是第一个通过社交媒体传播的"信息流行病"》一文，记叙了一对被隔离的情侣，他们"最大的焦虑就来源于社交媒体上纷繁杂乱的消息"，这些信息"将个人的恐惧放大到从未经历过的水平"。当一则疑似谣言的消息进入视野时，我们应建立一道心理防线，从自身做起减少不确定性消息的传播。通过利用丰富的互联网资源进行自我辨别，寻求权威新闻媒体查证，可帮助我们提升信息辨别能力。

• 如何看待谣言

从大的方向上来说，谣言确实为我们带来了很多负面影响，我们也在信与不信中反复纠结。如果我们确实一时难以判断一则消息是否是谣言，那我们可以把它交给时间。但也并不是所有不符合我们以往价值观的消息我们都能将其称为谣言，我们除了要会辨别谣言以外，还要透过谣言现象去思考。谣言在给我们产生负面影响的同时，也为我们敲响了警钟，因为谣言的产生是基于对事实不完全的反映之上的，除了部分造谣者捏造信息，我们对未知事物的认知能力不足也会造成对事实不完全的反映。

四、拓展

网络上的谣言总是层出不穷，对一个谣言进行打假后，谣言的另一个新版本又流传在朋友圈、微信群里，忽悠着我们。下面，让我们认识一下专门打假辟谣的"中国互联网联合辟谣平台"吧。

中国互联网联合辟谣平台是由中央网信办违法和不良信息举报中心主办，由新华网承办的辟谣平台。该平台网页包含着"首页""权威发布""部委发布""地方回应""媒体求证""专家视角""辟谣课堂""案例分类""真相直击""读图识谣""法律法规""工作动态"等十二个板块，详细地呈现了辟谣平台的职能与功能。

在辟谣平台上，我们可以充分了解到全国各地五花八门甚至风马牛不相及的谣言，比如下面这一则谣言，即"网上传播一段大楼倒塌视频，配有文字'福建泉州酒店倒塌瞬间'"，但经平台辟谣后，得知该网传视频实为2017年4月25日江苏常州中联大厦拆除的现场视频。除了了解全国各地的辟谣信息以外，我们还可以点击平台网站主页左侧"谣言线索，在线提交"，填写想要确定是否为谣言的信息。

以上我们介绍了谣言发展的时间特点及对我们的负面影响，也了解了辟谣平台，以及如何提高信息辨别能力和我们该如何看待谣言。看完以后，大家对谣言有一个清晰的认知了吗？快和小伙伴们一起讨论讨论吧。

第五章

用好微平台，
为青春加分

随着互联网的高速发展，各类社交媒体诸如QQ、微信、微博、抖音、快手等陆续走进了大家的日常生活，化身为陪伴我们成长的重要伙伴。社交媒体是对青少年已有的社会关系的延伸，能促进我们网络友谊的形成，能缓解我们的孤独和抑郁情绪。但过分开放的信息环境也易带来网络暴力，对我们的自我意识和情绪造成消极影响。社交媒体是众多网络媒体类别中的一种，它在给我们带来便利的同时，也会产生一些负面影响。接下来，我们就跟随本节内容一起，找寻利用好社交媒体平台这把"双刃剑"的方法。

互联网传播：我的网络微平台

第一节　社交平台：交真正的好友

一、聚焦

今天我们为大家介绍两位喜欢网络社交的朋友，一位是丽丽，另一位是木木。

首先将视线聚焦在16岁女孩丽丽的身上，毫无疑问，网络是她学习生活中最亲密的小伙伴之一。平日里，外向可爱的丽丽经常通过语音、视频功能与省外的朋友们谈论生活中的趣闻乐事，与自己身边的朋友保持紧密联系。当遇见羞于"面对面"交流的小伙伴时，她会积极鼓励对方在社交网络平台上尝试打开心扉，以练习各种与他人打交道的方法。不仅如此，丽丽还可以在网络上查阅丰富的学习资料，并且能够从他人分享的信息中第一时间了解到世界各地正在发生的大事。从经济发展到社会变化，从文化生活到娱乐动态，从历史进程到科技前沿，丽丽虽然足不出户，却与这个时刻更新的世界保持着同步联系。长此以往，丽丽的学习兴趣会伴随着网络技术的日新月异而水涨船高，始终处在不断被激发和强化的状态中，知识面也在潜移默化中变得愈来愈广。

接下来，将视线聚焦于17岁男孩木木的生活。木木是一个沉溺于虚拟世界的大男孩，他随时随地晃悠在自己的社交网络平台上，极其痴迷。他一登录自己的账号就会兴奋，一旦半天不能上网刷新页面就会显得焦躁不安，有时候甚至还会因为点赞数少、负面评论、取消关注等网络社交的常见问题而陷入抑郁，对周遭的事情提不起一点儿兴趣。此外，木木为了维护社交网络中自己的形象而费尽心思，不但花费了大量金钱购买用于装饰的周边产品，还精挑细选各种文字、图片和视频来粉饰自己的虚拟生活，以帮助自己在虚拟社会中获得良好的自我体验。由于木木无时无刻不关注着社交平台，写作业时总难以集中注意力，上学时也经常迟到、早退。同时，木木在社交网络中还认识了一些不良分子，学会了不少污言秽语，在学校里经常因为与同学一言不合就火冒三丈，极具攻击性。此外，没日没夜的上网也让他的生物钟变得紊乱，白天总是没精神，而且视力也越来越差。在木木看来，他已经控制不了自己使用社交网络的冲动。

回顾丽丽和木木所代表的两个典型例子，我们可以看到社交网络对不同青少年会有不同的影响，网络既能扮演良师益友的角色，也能蜕变为毒蛇猛兽。其实身为青少年的我们，都希望像丽丽一样既能从网络中获得乐趣，也能从中受益，那么我们又该如何正确、健康地使用社交平台呢？

二、解析

• 什么是社交平台

社交，即社会上的交际往来。社交平台，就是用来进行社交的地方，例如我们在教室、奶茶店、咖啡馆等地方发生了与人交流的行为，这些地方就是我们的社交平台之一。而通过网络利用某一社交软件来进行交流，这些软件也是我们的社交平台。今天我们主要讨论的也是通过网络来实现社交目的的平台。

广泛来说，手机、电话手表等通信设备也属于社交平台之一，即所

互联网传播：我的网络微平台

有能与人通话、进行交流的地方都可以称作社交平台。全球社交平台使用人数最多的分别是 Facebook、WhatsApp、Messenger，微信排名第四。国内我们使用较多的社交平台分别是QQ、微信、微博、抖音和快手等。当今社会，使用智能手机已经是一个非常普遍的现象，我们经常查看老师、同学、朋友的社交媒体页面，并与其他人互为好友，互发信息，相互留言等。目前大多青少年更习惯于通过社交媒体与同学朋友们进行交流，而不是彼此之间面对面进行交流。

• 我们为什么需要社交平台

我们为什么需要网络社交平台？经常使用智能手机来登陆社交媒体的青少年表示，社交媒体对他们的生活有积极的影响，能帮助他们增加自信、减少孤独、减少沮丧。还有回答表示，因为学不会现实中的社交，抑或是不敢面对面社交，网络社交平台就成了情绪发泄的场所，供他们宣泄；也有社交软件上都是陌生人，现实中没有说得上话的朋友的情况，因为网络上的陌生人对我们不了解、不认识，这无形中增加了我们内心的安全感，对方也更容易站在客观的角度上看待问题，因此，在网络社交平台中，我们更容易和陌生人敞开心扉。

另一方面，我们需要网络社交平台，也是基于现实社交的需要。在学校时，我们有时会需要和父母联系，放假在家时，我们为了维护友谊，为了更好地完成作业，我们需要和同学、老师联系。这些都是现实社交生活的需要。还有，使用网络社交平台能拓宽我们的知识面和朋友圈，现实生活中我们能汲取知识的地方除了学校就是图书馆，接触到的人也是同学、家人居多，而使用社交平台能打破我们的固有生活模式，可以让我们交到更多朋友，与拥有不同知识面的朋友交流也是获取知识的过程，知识面也能在无形中增长起来。

• 使用社交平台的优缺点

在社交平台中，我们可以呈现自己想向他人展示的个人形象，表达自己的想法和心情，使自己在群体或他人眼中建立一个成功的形象。不同的社交网络为我们提供了多种不同的形式来进行自我展现。例如在抖音一类的短视频社交平台中我们可以通过分享拍摄的短视频来呈现自己想要展示的形象，在QQ或微信一类的通信社交平台中我们可以通过美化自己的主页，发布动态和朋友圈来展示自己的想要呈现的形象。

我们可以通过社交平台与其他人建立或维持良好的人际关系或社会关系。社交平台除了具有社交属性外还有很强的工具属性，我们可以通过点赞、评论、转发、私信等多种行为方式与他人互动，这样我们与他人之间在维持原有人际社会关系的同时还可以建立新的社会关系网，积极维持友谊。使用社交平台，让我们得以与家人亲戚或朋友同学保持联系，结交更多志同道合的朋友。

出于一种自我表达的需要，我们希望通过自己的行为来让他人了解自己，获得社会大众的支持与认可。例如通过发布短视频吸引大众的关注，大量的浏览量或点赞量会让人很有成就感，同时会更加积极地录制视频与他人分享。我们还可以通过使用社交平台打发无聊的时间，通过浏览他人动态和朋友圈，或与他人聊天互动获得娱乐和放松，缓解现实生活中的压力。

但与此同时，社交网络中充斥着各种良莠不齐的小说、音乐、视频和游戏等，为我们逃避现实、宣泄情绪、远离烦恼提供了快速通道，满足了即时娱乐需求。如果使用网络社交平台超过了一定的范围，身为青少年的我们很容易沉溺在社交网络中，这样的"一网情深"就会将自己拖入"负能量"的深渊，进而滋生出自恋、焦虑甚至抑郁等心理障碍，并随之产生离群、厌学甚至犯罪等各种不良行为。

除此之外，社交网络作为强大的分心物，我们会因为不间断地过度关注而长期处在精力耗损、视力损伤、睡眠不足的状态中，埋下各种危害健康的"定时炸弹"。值得警惕的是，社交网络的匿名特征也更容易

让我们这样的青少年成为网络罪犯的"狩猎"目标，以致成长中的我们成为被攻击、侵犯甚至绑架等极端麻烦的受害者。

三、声音

青少年时期，是人生中最重要的成长阶段，无论是心理还是行为能力都处于发展的状态，在这个时期很容易受到外界的影响，我们是否能合理、健康地使用社交网络，不仅是家长、老师，也是我们本人都要关心的内容之一。

- 被引导路上的困惑

对于已经沉迷于网络的青少年，父母或老师通常采取的措施是剥夺其上网时间。但这对于长时间接触社交媒体的我们来说，简直就是一项"酷刑"，更是一种"牺牲"，虽然我们知道把社交媒体看作生活的重心不太对，但一时又难以改正，剥夺上网时间无疑是很大的打击，反倒不利于我们对社交网络的健康使用。毕竟网络和社交媒体本身就是把双刃剑，完全切断也并不能产生100%的正面效果。这种时候我们就应该告诉父母和老师，我们深知"引导"是最适合也最有效的方法。他们不能"一刀切"管理，我们也要有所收敛，彼此之间都应遵循适度原则。

- 提高自媒体认知

一方面，我们要加强自己的自媒体道德意识，提高道德分辨能力，要清晰地认识到，同现实生活一样，社交媒体环境也有一定的道德约束规范。由于社交媒体交往具有一定的隐匿性，很多同学对社交媒体的道德认识不清。只有拥有正确的认识才是产生正确行为的基础，认识出现偏差，那么行为就极易出现偏差。要提高道德认知，我们可以运用现实生活中的道德标准约束在使用社交媒体时的言行，树立正确的社交媒体道德观念，潜移默化地增强社交媒体道德意识；另一方面，我们要积极主动学习与自媒体有关的具体道德规范和相关法律法规。如学习针对互联网通信工具使用的法律法规《即时通讯工具公众信息服务发展管理暂行规定》《互联网用户公众账号信息服务规定》《最高人民法院关于审理利用信息网络侵害人身权益民事纠纷案件适用法律若干问题的规定》等，懂得在使用社交媒体等自媒体过程中，哪些言行是被大众允许的，哪些言行是不被允许的。

• **热爱学习，培养健康的兴趣爱好**

中学时期是一个学习能力强、学习精力旺的阶段，我们应该抓住这一美好的人生阶段，勤奋学习，积累知识，积极培养健康的兴趣爱好，树立良好的价值观念，为自己未来的人生之路打下牢固基础。我们要全面认清社交媒体的本质，知晓它的优势和不足，通过合理使用社交媒体，帮助自己进行专业学习和课外学习。要明白，社交媒体只是学习生活中的一小部分，作为中学生，学习是本职，要努力培养学习兴趣，积极参加各种有益的课内外活动，锻炼身体，培养高雅健康的兴趣爱好，多阅读、多思考、多运动，自觉抵制享乐主义、拜金主义等不良价值观的影响，塑造一个健康的体魄，健全的人格。绝不可以本末倒置，沉迷于各类社交媒体中。

• **学会独立思考，提高辨别能力**

俗话说，打铁还需自身硬。青少年时期是一个由不成熟向成熟转换的过程，而成熟的一个重要标志就是能够进行独立思考。中学阶段，是我们树立和形成世界观、人生观、价值观的重要时期。这一时期，面对自我或外在世界，我们往往有很多疑惑，为了更好地厘清这些疑惑，我们要学会独立思考，运用自己所学所知进行正确判断，提高事物辨别能力。我们在使用社交媒体过程中，要意识到自己是发展的个体，要运用自己的意志力，学会控制使用的时间，学会辨别信息的真假，自觉控制，不阅读不传播不良信息。独立思考，提高辨别能力。

四、拓展

互联网的快速发展对人类生活的各个领域产生越来越重要的影响。在已经步入信息化社会的今天，"上网"已经不再是一种时尚，而是成为一种日常行为，在庞大的网民群体中，青少年占了很大的比例，并且这个比例还在逐步增多。我们作为这个庞大群体中的一员，应当积极采取相应措施，维护自身健康成长，以我们青少年适应信息时代的发展、与时俱进。

第一，我们要学会控制自己上网的时间，合理使用社交平台。对于我们来说，要想真正摆脱沉迷网络的行为，就要学会控制自己登录应用的时间，对自己的课余时间进行合理规划。

第二，可以通过关注自己感兴趣的高成就博主来提高我们的社交媒体健康程度。杰出的、具有高成就的博主，他们的行为或许会让我们发现原来社交媒体还可以为自己提供这样一种引导和远见。像是开辟了新大陆，让我们在不知不觉中受到正向影响，慢慢地在行动上体现出来。

第三，关于青少年应如何正确使用网络一问，《全国青少年网络文明公约》提出，要善于网上学习，不浏览不良信息；要诚实友好交流，不侮辱欺诈他人；要增强自护意识，不随意约会网友；要维护网络安全，不破坏网络秩序；要有益身心健康，不沉溺虚拟时空。

第四，合理安排上网时间，正确对待网络娱乐资源。劳逸结合，适度娱乐能缓解生活中的压力。而过度沉溺于网络娱乐资源（如网络游戏、在线聊天等）不仅会浪费时间，而且会影响正常的工作与学习。只有正确对待网络娱乐资源才能真正地从网络上获得轻松，因网络而受益。

第五，调整心态，提高抵制诱惑的能力。网络只是一个工具，我们可以通过上网看新闻来了解天下大事，还可以通过网上的比赛来扩充自己的知识，或者上一些学习网站来辅助自己的学习。要提高自身的素质与自控力。不被网络牵着走，让自己做网络的主人，让网络成为自己手中有用的工具。

我们要正确认识社交媒体平台这把"双刃剑",取其精华去其糟粕。它作为一个载体,衍生出了多种信息传递的方式。通过网络接触到前所未有的广阔的空间,能更加有效和广泛地获取信息、学习知识、交流情感和了解社会。在它积极作用的背后,网络空间又以令人眩晕的色彩诱惑着我们,使得部分人陷入迷失自我的陷阱中。因此我们需要在大量的信息中找到精华,所谓精华就是去看自己所需要的信息,有目的地进行阅读,找到能对自己有帮助的资源。网络已成为新时代的每个人都不可离开的伙伴,保持戒备心,提高自制力和判断力,才能把网络的作用发挥到最大,使网络成为我们最得力的助手。正如有句话:低质量的群居不如高质量的独处。因此,千万不要被冗杂的信息淹没,而要去做有效的社交,交真正的朋友。

互联网传播：我的网络微平台

第二节 学习平台：让我们更优秀

一、聚焦

互联网时代的社交平台不仅扩展了我们获取信息的途径，各种网络学习平台也为我们学习知识提供了便利。只要我们有一台能连接网络的智能手机，便能在互联网上搜索各式各类的学习资源，而网络学习平台作为专业化的学习场所，汇集了我们所需要的课内外知识。利用好学习平台，对我们的学习大有助益。

小思与小强是初三的同班同学，他们总会在课堂上聚精会神地听讲，课下也会一丝不苟地完成课后作业，所以两人交替着各大考试班级第一名的位置。可是在这一学期，小思不仅举手课上回答问题的次数变多了，还懂得了一些高中甚至大学的知识，比如信息茧房、算法推荐为我们带来了哪些麻烦或便利，这让小强颇为震惊。更让小强诧异的事，小思在本学期三次月考中连续夺冠，每次都是班级第一。

某天，小强与小思在上学路上相遇，小思若有心事地走在小强前面，不知道小强的靠近，也似乎没有听到小强跟他打招呼。"嘿，想啥呢？"小强走近后使劲儿拍了一下小思肩膀，嬉皮笑脸地问道："你这学期咋回事，成绩突飞猛涨，还知道那么多的课外知识，都是受过九年义务教育的人，为啥你就这么优秀？还有你刚才心里在想啥心事呢？"小思回答说:"我刚才在想我出门前在家看的网课呢,讲的如何提高自己的单词量,网课老师说,有一种方法叫'艾宾浩斯记忆法',只要我们在规定的时间重复学过的知识,就可以加深记忆,达到很久都不会忘的效果。"

小强好奇地再问道:"那你是怎么接触这些网络学习平台的呀?你平时除了在学校上课,还偷偷地在家里看网课呢?""其实这也是我一个在大学的表哥告诉我的,他说网络上学习资源比以前多很多,用一台智能手机就可以浏览,内容既有文字表达,还附有各种绘声绘色的图片加以讲解,许多课程被制成了生动的视频,可有意思了,而且可以随时随地学。他建议我每天放学后利用课余时间学一学,就这样我慢慢地坚持下来,感觉收获不少呢!"小思自豪地回答道。

通过小思与小强的对话,我们不难看出,网络学习平台有着极高的便利性,登陆并使用在线学习平台仅需要一台我们日常使用的智能手机,这也打破了传统学习方式的时间与空间限制,我们可以在任何时间、任何地点调出我们想看的内容。当我们在等公交、买早饭、悠闲散步的时候,网络学习平台一样可以陪伴在我们身边,其中的内容丰富多样,既有图片又有视频,为我们奉上了丰富的精神食粮,还可以让我们提高碎片化时间的利用效率。

在令人眼花缭乱的学习平台中,怎么样找到适合自己的平台呢?科学的使用学习平台为我们带来哪些益处呢?下面,我们将从"学习平台"入手,一起了解什么是学习平台以及它们所具有的特点,探讨分析使用好学习平台的益处。

二、解析

• 什么是学习平台

学习平台是指以互联网为依托，用户通过互联网连接教育资源包括硬件教育资源、软件教育资源，实现在线学习、在线培训、在线辅导等功能的平台。我们青少年可以通过充分利用以上功能，提升自身个人综合能力。随着互联网技术的成熟，以互联网为依托的学习平台如雨后春笋般涌现，学习平台的种类繁多，适应群体也有所差异，我们可以根据自己的喜好选择适合自己的学习平台。

学习平台种类虽多，但这些平台的创建和使用目的大多相似，即为同学们的学习提供便利，使我们青少年的综合素质得到质的提升。我们在选择学习平台的时候，不能盲目地跟风下载，应当对其进行比较分析，选择适合自己生活习惯以及学习需求的平台，做好这一步，网络学习的效果便有机会实现事半功倍。

• 学习平台的特点

现代生活的高强度，加快了我们的生活节奏。因此如何利用好时间对我们青少年来说十分关键，在学校，课堂学习占据了我们一天中的大部分时间，我们很少有机会去了解课堂外的知识，这种情况下在线学习平台或许可承担大任，我们可以在任何空闲的时候打开学习平台进行学习。除此之外，在线下课堂里，我们一时可能会对老师讲授的新知识感到困惑与不解，但又不想因个人原因耽误老师的授课进度与同学学习进度。在线平台可解决这种困境，每遇到难点时，我们多浏览几次，多思考一会儿，难点或许就变得不难了，同时也没有影响老师、同学的教学与学习。在线平台还打破了空间的束缚，我们再也不用因为时空的限制而没有利用好学习机会，通过使用网络学习平台，我们就可以在任何地点学习知识，而不再局限于线下课堂，体育场、室外花园都可以是我们学习的场所。

在学习平台随处可见的今天，服务质量的好坏是学习平台竞争力高低的直接体现，各大学习平台为了提高自己平台的竞争力，都推出了一系列的个性化体验，比如针对不同学员进行优劣势分析，然后制订不同的线上学习计划，每个学员的计划都不相同，且每个学员的学习计划都是根据自身情况专属制订的。这些学习平台无一不体现着当今学习平台对定制化服务越来越注重，我们可以在各个学习平台获得专属自己的学习方案，这对我们青少年的知识学习大有裨益。

•科学利用学习平台的益处

节约学习成本，提高学习效率。现实生活中，我们在线下学习时需要学费、资料费甚至报名教育机构所缴的补课费等各种费用，然而在网络学习平台上，我们仅需一台手机便可学习海量的教学资源，还能与教师即时沟通，节约了学习成本。此外，线上学习平台的教育资源大多对学生学习免费，且课程资源丰富，表现形式多样，可以更好地吸引我们的注意力，提高我们学习时的专注度与思辨能力，让我们的学习效率得到提升。

丰富知识含量，提高个人素养。线上学习平台发展至今，各类学习课程数目繁杂，难度深浅不一，我们应当科学地利用学习平台，根据自己的实际情况选择不同的课程。通过对这些课程的学习，不仅可以进一步加深对知识的理解，丰富知识储备，还能在长期的坚持下，提高个人的学习素养、网络素养等。

•如果不适当地利用学习平台

任何一种事物的出现都有好与坏两个方面，同样的对学习平台来说，如果不能科学的利用，也可能会带来诸多缺点。线上学习平台学习方式多样，内容精彩纷呈，但正因如此，我们青少年的注意力容易被分散，从而使得我们无法把握住学习重点，导致学习质量下降。此外，我们青少年正处于身心发育阶段，如果在没有正确引导的情况下去使用学习平台，还容易造成一系列问题，比如学习的时候静不下心、敷衍了事，养成急功近利的坏习惯等，甚至会造成一些较为严重的身心问题。

三、声音

• 明确学习目标

我们学习生涯的任何时期都离不开明确的学习目标，不论是初高中还是大学，乃至走向社会。一个明确的目标既可以让我们看见远方，也能激励当下的我们向梦想的方向迈进。那么如何明确学习目标呢？我们可以从三个方面进行考虑，即"是什么？""为什么？""怎么做？"具体来说，也就是"我们的学习目标是什么"，有一个好的成绩排名可以是学习的目标，掌握五千个单词也可以是学习目标，将自己的口语能力大幅度提升也可以作为学习目标，我们可以从当下需求入手，慢慢地去挖掘不同时期的不同目标。那为什么这个目标是自己的学习目标呢？举个例子，我们可以把掌握五千个英语单词作为学习目标，因为掌握五千个单词后我们做阅读理解会顺利很多，还可以提高我们的英语成绩，以及提升英语听说能力。那我们要怎么做制订自己的学习目标呢？接下来，在制订合理计划板块，我们将仔细地进行分析。

• 制订合理计划

任何一个计划都有初始和结尾，在网络平台上的学习计划亦是如此。制订学习计划时，我们需要宏观把握，控制好头与尾，只有把头与尾把握住了，那么整个计划才会有较强的可行性，无论细节如何变化，整个计划都有始有终。在宏观把握计划的同时，我们要做到心中有数，对计划的进程要做到了然于心，做好随时调整的准备。"计划总赶不上变化"，任何一个计划制订出来都不是一成不变的，学习计划的大方向可以不变，但是计划的小细节是需要根据实际情况进行不断地微调的，比如当用眼过度时，可适当调整最近一两天的学习时段以及学习任务。

计划的调整并不意味着不按照既定规划进行，相反的是为了将既定计划更好地执行下去，一个合理的计划不是在于这份计划有多么的完整，而是在于是否能够根据实际情况进行调整，一成不变的计划不一定是合理的，但是合理的计划都是可以微调的。学习是一件周期较长的事情，在使用学习平台时我们可能会受到各种因素干扰，把握好学习的大方向，及时调整计划的小细节并认真执行下去，这将会使我们学习的效果事半功倍。

• 精准定位，找到自己想要的资源

我们在明确自己的学习目标之后，下一步就需要找到自己想要的学习资源，通过充分使用、学习这些资源，我们能够慢慢向自己的学习目标靠近。如何精准定位，找到自己想要的网络学习资源，这是互联网时代下我们青少年的一门必修课。为了找到自己想要的资源，我们首先需要对学习平台提供的教学资源有一定的了解，其次学会对平台进行归类整理，比如哪些平台是学习语言的，哪些平台是学习编程的，哪些平台是学习画画的。学习资源的好坏在很大程度上将影响学习效果，在明确学习目标的前提下，找到并利用适合自己的资源可提升我们的学习效率。

• 利用碎片化时间学习

进入互联网时代后，如何利用碎片化时间进行电子阅读、网络学习，以及碎片化时间能否带来真正有效的学习等逐渐成为我们关注的重点。许多人对利用碎片化时间学习尤其是电子阅读不以为然，甚至忧心忡忡，认为由此获得的知识也是肤浅的、碎片化的。但我们更需要看到的是，"不积跬步，无以至千里"，把碎片化时间利用起来，在回家路上多记几个单词，在睡觉前多看几篇新闻报道或者优秀文章，如此经过长时间坚持后，学习收获必定颇丰，使我们受益无穷。

四、拓展

新冠疫情于 2020 年初逐渐在我国蔓延开来，这场疫情为我国经济、社会带来巨大影响，国家各个部门对此高度重视，全国中小学及高校也纷纷响应国家及教育部的疫情防控措施，开展"停课不停学"，让全国学子在网络学习平台开展学习活动。许多网友就"网络学习平台能否代

替传统线下课堂"这一话题展开了一场激烈的辩论。

正方： 建构主义认为，知识不是通过教师传授得到的，而是学习者在一定的情境即社会文化背景下，借助其他人（包括教师和学习伙伴）的帮助，利用必要的学习资料，通过意义建构的方式而获得的。而学生在网络背景下的学习恰如其分地体现了建构主义的上述观点。学生在网络背景下的这种自主性和探究性学习使他们的学习具有了传统学习无可比拟的优点。

代表观点1：网络环境对学生来说是时空的解放，宽松的学习氛围更可以使学生发挥他们的聪明才智，他们可以在学习活动中相互启发、协作交流，学会交流与合作。

代表观点2：网络背景下的学习是一种多向的信息交流活动，学生在获取不同的学习资源时可进行比较，集思广益，取长补短，深入理解和消化所学的知识，益于对新知识的意义建构。

反方： 许多正处于青少年时期的学生身心仍未完全成熟，专注度与凝聚力尚有缺乏，在复杂的网络环境中容易被分散注意力，且没有教师线下答疑、亲自指导，学生学习效果或将大打折扣。

代表观点1：网上资源纷繁复杂，尤其是还有许多不健康的网站，很难保证学生学习不受不利资源的影响，有些学生甚至可能沉溺其中不能自拔。

代表观点2：一些网上课程往往没有教师指导，百分之百依赖学生自学。而如果没有教师的适当指导，学生失败或无效学习的可能会加大。

以上就是部分网民关于"网络学习平台能否代替传统线下课堂"这一话题的讨论意见，相信大家看完以后心中也有了自己的答案，快和班级的小伙伴一起讨论网络学习平台使用心得，以及关于这个话题的看法吧。

第三节　娱乐平台：游戏也加正能量

一、聚焦

互联网时代的到来给我们带来了前所未有的体验，但同时也造成了"泛娱乐化"的现象，如内容浅薄空洞、层出不穷的影视作品，铺天盖地的娱乐新闻，低俗浮夸的网红直播……各式各样的娱乐产品充斥在我们的生活中，常常令人眼花缭乱，无法在有限的时间内获得良好的娱乐体验。那么，什么样的娱乐方式最有助于舒缓压力呢？我们如何在游戏中获得正能量的精神体验呢，跟小明一起来看看吧！

最近，小明发现自己的好朋友刚刚、小强有点"疏远"自己。小明对此很纳闷儿，于是在周五放学后，打算找他们一起去科技馆玩。谁知，小明在街边看见刚刚和小强，还有几名他不认识的同学站在街边，神秘兮兮地围成一个圈。只见小强举着一部手机，兴致勃勃地玩游戏。他眼疾手快，动作敏捷，其他人则吵嚷声不断，每过一关，就会高兴地大叫起来，引得路人连连望过来。小明好奇地凑过去，边看边问："你们玩的这是什么游戏呀？"大家都全神贯注于手机屏幕，似乎没人听到他的问题。过了好一会儿，刚刚才反应过来，说："这是最新的手游《王者荣耀》，有很多人物可以选择，每个人的技能都不一样，你也可以试试！"旁边一位同学接着说道："下次我们一起'开黑'，我也要赚金币买下庄周。"

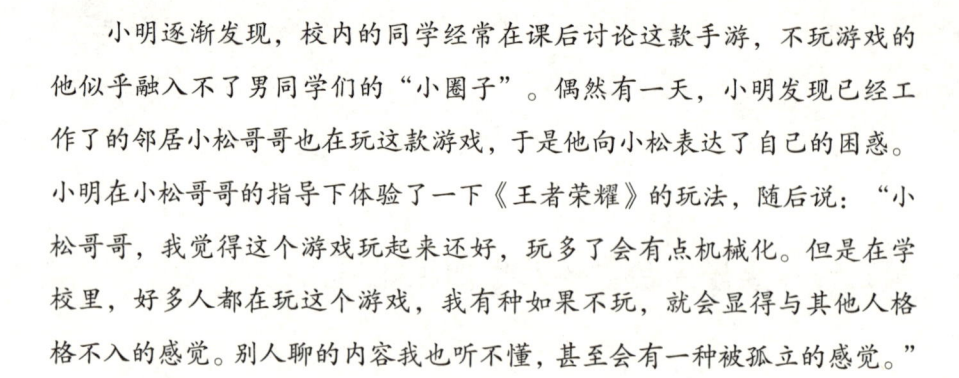

小明逐渐发现，校内的同学经常在课后讨论这款手游，不玩游戏的他似乎融入不了男同学们的"小圈子"。偶然有一天，小明发现已经工作了的邻居小松哥哥也在玩这款游戏，于是他向小松表达了自己的困惑。小明在小松哥哥的指导下体验了一下《王者荣耀》的玩法，随后说："小松哥哥，我觉得这个游戏玩起来还好，玩多了会有点机械化。但是在学校里，好多人都在玩这个游戏，我有种如果不玩，就会显得与其他人格格不入的感觉。别人聊的内容我也听不懂，甚至会有一种被孤立的感觉。"

小松哥哥听完若有所思，过了一会儿，他说："是这样。游戏只是一种调解生活压力的方式，大家之所以都喜欢玩游戏，是因为游戏中设定的故事情节、玩法最能吸引人，将大家工作和学习的烦恼转移到与现实完全不同的世界中去，能让大家觉得轻松和快乐，"顿了顿他继续说，"至于学校里的小圈子，有两种解决办法。一是你可以借机劝你的好哥们儿适度玩游戏，可以在学习和娱乐平衡的条件下，多多尝试一下其他娱乐方式，毕竟生活不是只有游戏嘛。二是这款游戏之所以这么风靡，有很大原因在于游戏生产商的宣传效果，现在互联网上的游戏众多，等'全民游戏'的风气过去就好啦。"小明听完心里敞亮了很多，向小松哥哥道谢后就回去了。

几周之后，历史课堂上老师提了一个问题："大家知道荆轲是何许人也？"刚刚激动地举起手回答："我知道！荆轲是一位很厉害的女刺客！"话音刚落，教室里便传来同学们的笑声。老师问他："你是从哪里看来的？"只见小刚嗫嚅道："王者荣耀的英雄介绍上就是这么写的……"老师了解了原委后，语重心长地对班里的同学们说道："荆轲是中国战国时期著名刺客，著名事迹是受燕太子丹之托入刺秦王，并不是游戏中的女刺客。游戏能从另一个角度激发起你们对历史的兴趣，但我们这一代人对历史的演绎不应就是打打闹闹，也不是随心所欲地演绎历史，而应有底线和规则，无论怎样重新解读历史，都不能改变历史已经留存下来的真面貌；都不能改变历史发展已经作出来的结论；都不能改变已经由历史凝集的民族情感，不能让价值发生倾斜以至于崩坏。所以，游戏可以适度地玩，但应该对其中的内容有甄别地取舍，随意涂抹和戏说历史，就相当于抛弃历史文化传统，这是不利于中华文化发展的。"

听完这番话，小明发现班里有几个男同学惭愧地低下了头，小强站起来说："谢谢老师教会我们学习的道理，我以后玩游戏再也不会过度沉迷了。"老师欣慰地笑了笑，说："玩游戏也不是不可以，但是也要有其他的娱乐方式，学习累了运动也是一种很好的解压方式呀，希望大家都能在最美的年华里健康成长。"

近年来，我国网络行业快速发展，市场规模不断扩大，我们逐渐拥有了更多的娱乐选择，尤其是游戏行业，拥有庞大的受众群体。但同时，网游市场也存在文化内涵缺失、用户权益保护不力、青少年沉迷等问题。游戏在很长一段时间内被当成不务正业、玩物丧志的代名词。游戏本身是客观中性的存在，因此，大家需看到游戏健康、励志、正能量的一面，我们如何取舍对待才是关键！

二、解析

• 什么是游戏

游戏是一种古老的文化现象，蕴含在中西各个国家和地区的历史之中，这些国家既包括具有悠久历史的文明古国，也包括一直处在原始部落生活状态的地区。小到参与游戏的每一个人，大到拥有不同历史文化的每一个国家和民族，都在用游戏表达丰富的情感。

在古代，"游戏"有游乐嬉戏、玩耍之意。事实上，中国历史上有史可考的具体游戏形式非常多，其中包括围棋、象棋等。此外，游戏也是文娱活动的一种。分智力游戏（如拼七巧板、猜灯谜、玩魔方）、活动性游

戏（如捉迷藏、抛手绢、跳橡皮筋）等几种。如：在公园的草坪上，幼儿园的孩子们正在愉快地做游戏。

随着科技和互联网的不断发展，各式各样的游戏终端不断更替，形成了目前以电脑、手机、移动设备等电子终端为主要媒介的游戏形式。从以代表作品为《大话西游》《梦幻诛仙》《天书奇谈》的网页游戏，到以"浩方对战平台""游戏大厅""黄金岛"等为代表的游戏资源整合平台，再到以《跑跑卡丁车》《英雄联盟》等为代表的多人在线游戏，电子游戏经历了丰富的发展时期。目前，网络游戏市场上百花齐放，各种类型各种题材的网络游戏纷繁复杂，以《王者荣耀》《和平精英》为代表的手机终端游戏的发展，满足了现代人快速和碎片化的生活节奏，吸引男女老少纷纷加入。此外，由于虚拟现实技术的出现和在多个领域的实际应用，电子游戏与虚拟现实技术的结合进一步推动了游戏行业的发展，给大家带来了更加真实的游戏体验。

• 游戏为什么如此让人着迷

对于我们青少年来说，成为网络游戏玩家并穿梭于游戏世界，能给我们带来有别于现实世界的虚拟生活和互动体验。角色扮演、界面互动、多人交流、独立游戏、虚拟宠物是玩家注重的游戏特征。玩家在网络游戏中追求的东西包括愉悦、成就感、与他人的情感关系、归属感、安全感的情感性目标，而正处于青春期的我们，容易被丰富多彩的游戏"异世界"所吸引。但是因为现实与虚拟的界限我们很难准确把握，有的人会在游戏世界里建筑属于自己的"乌托邦"，网络游戏内的传播方式，会产生极强的群体归属感与认同感，从而增强我们对游戏的依赖，容易造成沉溺于网络游戏世界的现象，同时，长时间沉溺游戏会给我们的身心健康带来较大的损害。

由于一些学生自制力较差，极易发生因沉迷网络游戏而引起的不良现象。如，2019年，莆田市荔城区西天尾镇一名12岁男生因沉溺网游，意外猝死。男生名叫阿聪（化名），去世前每天守在电脑前，沉溺在一款网络枪战游戏里，经常一玩就是10多个小时。7月15日，连续打了5

个小时游戏后,他突然头痛,随后因抢救无效身亡。2020年3月,重庆市綦江区一名初中生以上网课为由偷玩手游,在游戏过程中购买游戏道具花费1.6万元,最后求助派出所。

网络游戏往往需要我们花费大量的时间和精力,以获得升级的快感和成就感。而我们正处于攻读学业的阶段,长时间游戏必然会影响到学习时间分配,造成学习上注意力的降低。许多人常常将矛头指向网络游戏,也是看到了我们中的一些人在网络游戏中过分沉迷,荒废了学业,导致家庭矛盾爆发,甚至引发社会问题。

• 互联网中的娱乐平台

人类社会在不断进步,文化、技术和现代社会都将我们推到同一方向——娱乐。娱乐是一个设计来给予观众乐趣的项目、表演或活动。观众参与的娱乐,可以是被动的如看歌剧,或者主动的如玩电脑游戏。如今互联网上充满各种各样的娱乐类APP,"腾讯视频""哔哩哔哩""抖音"等,在丰富和方便了我们的生活体验之时,也给我们带来了对"娱乐"这一概念的误解,从而造成"泛娱乐化"的负面影响。

第一个误解,娱乐被误解为是媒介提供的一个商品。根据这一观点,有些媒体的内容是娱乐,有些则不是。电视剧、电影、情景喜剧、体育等是娱乐。而新闻、纪录片和教育片则不属娱乐。这种观点源于行为科学的简单认识:娱乐节目使人娱乐,而非娱乐节目则不可能使人娱乐。现代心理学则认为,我们作为观众也起着一定的作用。观众可以有目的、有计划地决定他们将会在何种节目、何种内容中得到乐趣。很多家长认为,我们可以通过观看美剧视频的方式学习英语,其实,这种方式只能在学习了相应的英语知识这一前提下,通过体验英语在本土场景中的应用,从而加深理解和记忆。因此,观看英语影视剧只是在英语学习中起到了辅助作用。

第二个误解是将娱乐和信息对立。这种观点认为，节目的信息量越大，娱乐性就越差，换言之，我们得到的乐趣越多，学到的知识就越少。很显然，这种观点也是站不住脚的，观赏奥林匹克比赛是一种娱乐，但我们也能从中学到他国的风土人情、竞赛知识和人类的生理、心理极限。再比如，2018年春节期间，中国教育电视台每天播出国学系列动画片《弟子规》，让博大的传统智慧和国学知识给我们的成长以温暖的指引。

三、声音

• **正确认识泛娱乐化**

随着大众传媒的发展，娱乐的功能渗透到我们生活的方方面面，成为消遣的主要方式，而娱乐化的传播方式也成为大众传媒的主要传播方式。当事物以更显著的煽情性和刺激性的形象出现时，更能达到贴近观众、吸引大众关注的目的。但是，当娱乐化的目的成为大众传媒追求的主要甚至是唯一的目的，娱乐功能就会被泛化，这种现象在大众传媒中逐渐流行，使娱乐成为人们追求的主要目标，造成让娱乐最终成为人们生活的主要方式这一现象。

当人类进入到现代工业社会，文化进入市场化产业化时代，充斥着大量娱乐信息的大众文化环境就会对我们青少年产生双重影响。一方面，它解放了我们的思想，释放了我们的娱乐天性，让我们认识到一个更加多元化、更加丰富多彩的世界；另一方面，也让一个意义缺失和价值混乱的世界呈现在我们的眼前。

对我们青少年而言，如果没有一个清醒的认知和判断标准，就会形成不利于自身发展的人生观。因此，对于泛娱乐化现象给我们带来的双重影响，既要正视发展过程中出现的各种现象，提前预防，更要充分利用娱乐中对我们身心发展有利的因素，完善自身。

面对泛娱乐化，面对社会热点和娱乐八卦，我们青少年应该保持独立思考，避免娱乐至上的大环境氛围给予我们浮躁的思考方式。在闲暇时间，我们可以沉下心来认认真真思考某一个问题或读一本书，去感受文化的清流，而不是来自娱乐的躁动。深度阅读和思考能帮助我们建立完整地逻辑体系，让我们在面对"泛娱乐化"现象时，保持独立和清醒。

• 在游戏中也能找到正能量

网络游戏是一把双刃剑，在具有消极影响的同时，也能传播正能量。首先，网络游戏受欢迎的前提是，它建造了一个平等轻松的虚拟交往环境，这在很这大程度上满足了我们青春期的多种心理需求，有利于进行感情宣泄、身心放松与心理认同，从而提高我们在现实社会的人际参与能力。同时，网络游戏具有的社交功能，给我们青少年打开了一扇神奇的"大门"，我们能在这种平等轻松的环境中寻求来自其他玩家的"认同"。其次，网络游戏中的玩家群体身份多样，来自各个地区，身处各行各业，每个人都有着其较为擅长的知识，他们的社会经验和认知将会给我们带来对未知事物的启发，激发我们对知识的探索和求知欲。因而，网络游戏对于青少年而言，也具有潜移默化的学习功能。

近年来，国内越来越多的游戏企业开始愿意承担促进我们青少年健康成长的社会责任，同时也看到了教育游戏潜在的巨大市场价值，纷纷投身于教育游戏的设计开发。游戏的教育价值也逐渐获得家长们的认可。例如，启点教育开发的儿童启蒙教育游戏——《悟空识字》受到众多家长追捧，截至2018年，注册用户已突破2800万。此外，腾讯也表示，腾讯诚恳接受各界监督，严把内容关，履行好社会责任，为广大用户持续提供弘扬社会主义核心价值观的高品质游戏产品。将加快推进游戏正向价值的研究，推进网络游戏转型升级；持续强化"健康电竞"的发展理念，带动电竞行业良性发展；持续推进"网络游戏未成年人家长监护工程"下属项目"成长守护平台"，加强未成年人健康上网保护。

• 娱乐也要全面发展

游戏和娱乐对于我们来说并非像洪水猛兽那样的可怕，游戏也可以为我们提供发展的机会，提高我们的能力并形成正确的人生观。随着科技的发展，媒体不断地更新，它为我们的生活添加了新的资源，丰富我们的生活。

我们应该如何做呢？

第一，积极主动地收看正能量文化节目。想要从沉迷网络游戏的泥淖中走出来，就需要用健康向上的文化节目，充实我们的寒假生活。中国教育电视台致力于将社会主义核心价值观和中华优秀传统文化融入丰富的寒假节目。2018年寒假期间，中国教育电视台卫星一套推出国学公开课，精心打造11场春节特别节目，以青少年喜闻乐见的综艺形式，将社会主义核心价值观、优秀传统文化和"思政"课程融入节目，让真善美在我们心中生根发芽，传承延续。

第二，结交志同道合的同辈伙伴。同辈群体是我们成长过程中重要的人际环境，是我们个体社会化的重要途径。结交志同道合的朋友，能使我们拥有平等、毫无压力的群体环境，尽情地表达自己，同时带给我们认同感和归属感。同辈群体对我们的行为乃至人生观价值观的影响巨大，而这种同化作用主要是通过模仿来实现的。因为大家具有相似的价值观、爱好兴趣或者生活方式，在群体中我们频繁互相交流思想感情，慢慢地形成了这个群体中独特的群体文化。

四、拓展

过渡沉迷电子游戏对我们来说，不仅会影响学习，还会对我们的身体健康造成威胁。对于青春期的我们来说，这个阶段是我们睁开对世界好奇之眼的关键时刻，因此，需意识到游戏对我们的生活起到的调节作用，平衡游戏与学习，在其中寻找乐趣。我们可以采取以下的办法。

（1）设定鼓励/激励机制。我们可以给自己设立每日学习目标，比如：完成每天的课程作业，接着根据自己完后作业的情况给自己进行"奖励"，奖励的内容可以是"玩一小时游戏""看一场电影""和好朋友去看展览"等，用这种激励方式，不仅能催促自己学习，还能帮助我们建立目标完成的信心。

（2）主动转移注意力。游戏只是众多娱乐方式中的一种，当我们发现自己会游戏成瘾或沉迷其中时，可以试着尽力将爱好从吸引力强的事物转变为吸引力弱的事物上，并逐渐培养对后者的兴趣。比如，当你在沉迷游戏又无法自拔的时候，可以选择你第二兴趣，这个兴趣可以是看书、打篮球、跳舞或者画画，当你确立了被转移的目标时，就把精力多投入其中吧。特别注意：伤其十指不如断其一指，有广泛的爱好顾然是好事，更建议在某一方面深挖。

（3）利用外在干扰"隔离"游戏。游戏确实能让人上瘾，尤其对于那些自控力还不成熟的青少年。这个时候，我们要借助"外力"，请老师、家长或者朋友们来帮忙。比如，可以在空闲时间和父母一起参加户外活动，进行拓展CS之类的活动，主动远离虚拟世界，重回现实世界。此外，还可以约好朋友去游乐园、电影院等娱乐场所，将自己的心绪从游戏世界中转换出来。

总而言之，我们身处娱乐化的环境当中，泛娱乐化现象对我们的影响是我们的选择和社会大环境共同作用的结果。因此，作为新时代的接班人，我们要以一种积极的态度去对待这种影响，要把娱乐看作身心发展过程中的一种建设性因素，善于利用传媒的优势，创造有利于自身发展的娱乐环境，在娱乐中实现发展。

第六章 互联网传播，比速度，更要比效果

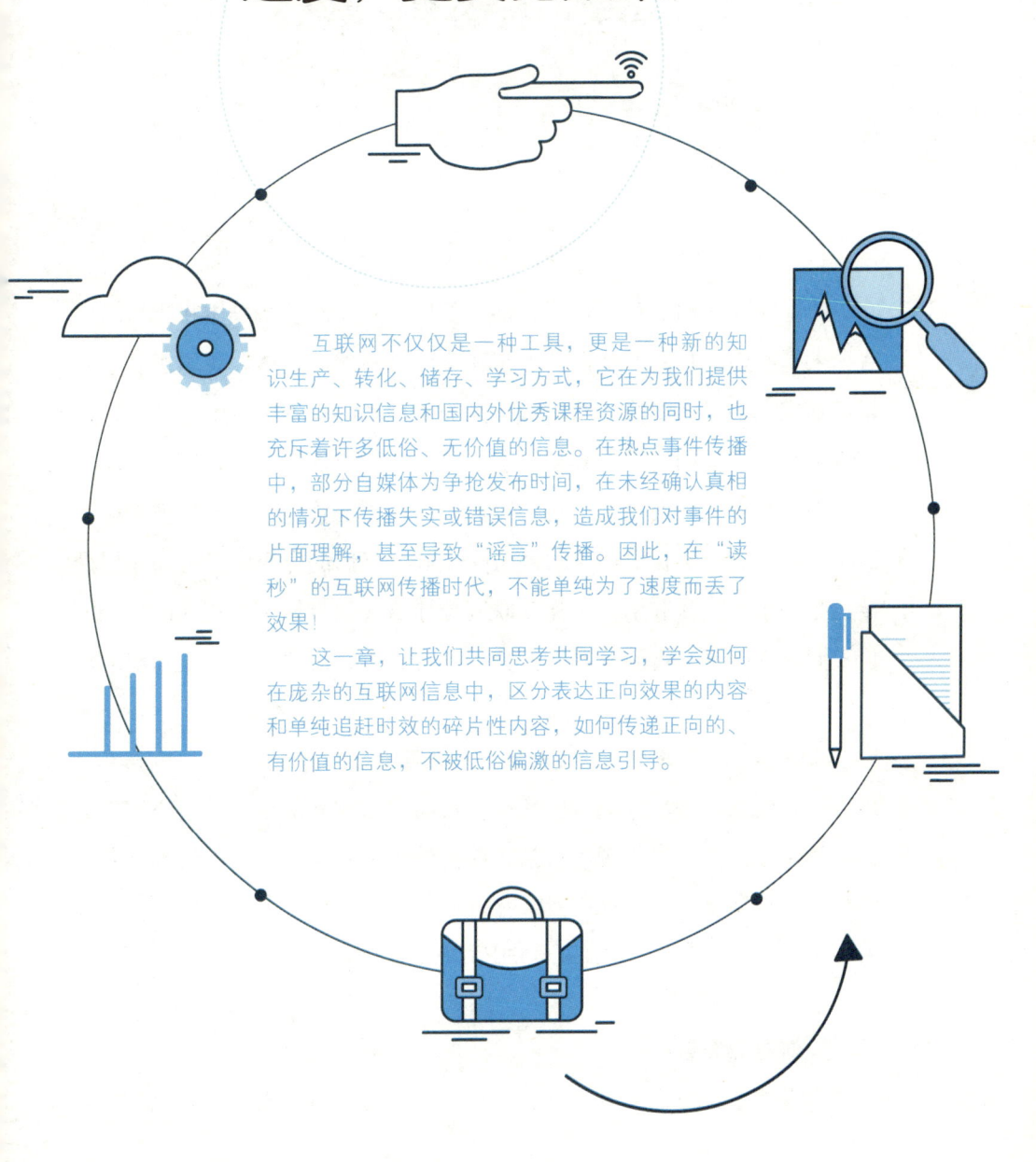

互联网不仅仅是一种工具，更是一种新的知识生产、转化、储存、学习方式，它在为我们提供丰富的知识信息和国内外优秀课程资源的同时，也充斥着许多低俗、无价值的信息。在热点事件传播中，部分自媒体为争抢发布时间，在未经确认真相的情况下传播失实或错误信息，造成我们对事件的片面理解，甚至导致"谣言"传播。因此，在"读秒"的互联网传播时代，不能单纯为了速度而丢了效果！

这一章，让我们共同思考共同学习，学会如何在庞杂的互联网信息中，区分表达正向效果的内容和单纯追赶时效的碎片性内容，如何传递正向的、有价值的信息，不被低俗偏激的信息引导。

互联网传播：我的网络微平台

第一节　互联网传播，正向效果很重要

一、聚焦

随着互联网和信息技术不断创新发展，互联网、新媒体和我们的生活越来越密切，我们似乎慢慢地与互联网世界融为一体。我们正处于从儿童到成人的过渡阶段，面对着巨大的生理和心理变化，由于具有好奇探索和单纯懵懂的特性，容易被速食化、碎片化的网络文化环境影响，被非理性观点和消费主义干扰，进而做出错误的价值选择、价值判断。因此，我们需要家长、学校和公众媒体等为我们的媒介接触行为和媒介接触心理予以关注和引导，让互联网传播给我们带来更多正向的效果，让我们能充分享受遨游互联网的快乐，也让正确的"三观"成为我们成长中的"引路人"。

新媒体环境纷繁复杂，我们每个人都可以是信息的生产者、发布者、传播者和受众，每个人都有同等机会参与网络空间的讨论。新媒体作为弘扬社会主义核心价值观和传播正能量的重要新兴平台，不仅推动着中国社会的正向发展，也推动着文化的向前发展。接下来，我们以新冠疫情为例，一起看看正能量在互联网传播中的作用吧！

1. 新冠肺炎孕妇

【事件】2020年2月8日，正值元宵佳节，浙江大学医学院附属第一医院一名重症新冠肺炎产妇诞下一子。这也是该省首例新冠肺炎患者剖宫产生子病例。婴儿被其父亲起名为"小汤圆"。

【感悟】国家卫健委于2020年2月初发布了《关于做好儿童和孕产妇新型冠状病毒感染的肺炎疫情防控工作的通知》，其中明确"儿童和孕产妇是新型冠状病毒感染的肺炎的易感人群"。特殊时期，孕妇是一个格外脆弱的群体。幸运的是母子平安，且小汤圆的核酸检测为阴性。这背后是医务人员细心、周到的救治和护理，以及他们关键时刻决定采用剖宫产的果断。为什么说医务人员是"白衣天使"？因为他们承担了普通人的生老病死。医德无价，天平另一端是他们毫无怨言押上的时间、精力甚至健康。疫情凶险，奋斗在一线的医务人员无疑是伟大的，但其实，我们不该让他们那么"伟大"，他们的家人也在等着他们回家。

2."药神"原型

【事件】电影《我不是药神》的原型陆勇2020年1月31日晚发文，透露了自己从印度筹措N95口罩及护目镜等物资一事，网友对此纷纷点赞并表示，期待拍摄《我不是药神》续篇。

【感悟】在这个特殊时期，我们出门可以不带钱，不带家门钥匙，但不能不戴口罩。原本成本低廉的口罩，摇身一变成了救命的奢侈品。陆勇被网友称为印度抗癌药"代购第一人"。他本人身患慢粒白血病，因为当时特效药"格列卫"未纳入医保，十分昂贵，陆勇铤而走险给自己和其他病友从印度购买仿制药品，差点惹上牢狱之灾。这一次，得知国内口罩供应短缺，他也坐不住了，决定去印度看看，竭尽所能多给武汉寄物资。网友评价他是真正的"药神"，但陆勇说自己只是普通人，帮不了很大的忙。

3.雷神山和火神山

【事件】疫情暴发之初，武汉即动工修建了雷神山和火神山两所医院，自2020年1月24日动工到2月2日交付，武汉火神山医院总建筑面积3.39万平方米，从开工到竣工，仅用了10天。2月8日雷神山医院交付使用，两所医院的建成似乎在用另一种形式展露今日中国的国力，展现中国的速度。

【感悟】千万网友"看着长大"的雷神山医院，也就晚了火神山医院几天，便被正式交付使用。不光中国网友骄傲自豪，外国网友看着也是啧啧惊叹。除了医务人员，我们还要感谢另一群"逆行者"——昼夜奋战在工地上的工程队。是他们每天只睡几小时，饭也顾不上多吃几口，才让医院建设如同按下了"快进键"。

4. 读书哥

【事件】武汉"方舱医院"正式启用时，新闻报道有一位看书的年轻人显得与众不同。众生嘈杂中，他翻看着厚厚的《政治秩序的起源：从前人类时代到法国大革命》，神情专注。这位清流"读书哥"的照片，一经传到网上便刷屏走红。照片传到国外，被这本书的作者福山看到，他在自己的社交网络上，转发了这张特殊的"读书照"，并专程为"读书哥"寄来了一本亲笔签名的书籍。

【感悟】什么叫别人家的孩子？这位"读书哥"就是了。"读书哥"是一位留美博士后，目前在佛罗里达州立大学教书。他这次回武汉探望父母，没想到和家人一起都"中招"了。很多新冠肺炎患者康复后，都表示：心态很重要！当身体与病毒顽强作战时，除了身体免疫力，精神的力量也不可忽视。身处养病的嘈杂环境中，还能如往常一般平静阅读，他的这股子淡定让人敬佩。相信"读书哥"一定能早日康复，回到正常的生活。

5. 投我以木桃，报之以琼瑶

【事件】在疫情蔓延到世界各地时，中国向众多国家纷纷伸出援手，在各国的捐助物资上，给不同的国家分别配上了表达力满分的寄语，如给塞尔维亚送去"铁杆朋友，风雨同行"，寓意两国之间守望相助的情谊；给法国写道"千里同好，坚于金石（Unis nous vaincrons）"，其中中国古语出自三国谯周的《谯子·齐交》，法语来自法国大文豪雨果的名言，意为"团结定能胜利"；给意大利的物资上写道"云海荡朝日，春色任天涯"，这句话出自晚明文学家李日华赠意大利传教士利玛窦的诗，期盼疫情早日过去，真正的春天早日来临；回捐给日本的物资上写着"青山一道，同担风雨"，此诗句化用自唐代诗人王昌龄的《送柴侍御》，"青山一道同风雨，明月何曾是两乡。"以此表达两国同舟共济，患难与共的情谊……

【感悟】在对各国的捐助物资上，我国为不同的国家配上了不同的寄语，这些寄语结合了各个国家与中国的特殊友谊以及各国的风土人情，最后用双语的形式展现出来。这些寄语或取自于中国与各国古人有关联的古诗词，或直接取自各国作家的作品，字里行间无不流露着中国对于各国殷切的关心和对于多元文化的尊重。中国在援外物资上的寄语选取和使用上颇为用心，这不仅是中国官方的关爱，也代表着中国人民的一片真情。互赠诗词似乎比光赠物资更有诚意和温度，这将会把一次次捐赠升格成为一场场无国界的文化交流，对于拉近各国官方和民众的心，摒弃政治偏见和种族歧视，对共同的文化财富产生共鸣，对于人类共同抗疫有着"四两拨千斤"的作用。

其实，关于疫情中传递正能量的小故事还有很多很多，我们身边可能也存在。我们作为全人类的一部分，共同经历着这场"战疫"，我们也奉献出了自己的力量：我们中有些人通过手抄报、书信、短视频等形式，致敬奋战在疫情一线的英雄；配合教育部等部门，做到在家不外出、不聚会、不举办和参加聚集性活动，并参与线上直播上课，实现了"停课不停学"。

二、解析

• 何为"正能量"

在《咬文嚼字》公布的《2012年十大流行语》中，"正能量"高居榜首。"正能量"本是物理学名词，其科学解释是，真空能量为零，能量大于真空的物质能量为正，能量低于真空的物质能量为负。其成为社会流行语，被人们广泛应用起源于英国屯、理学家理查德·怀斯曼的专著《Rip it

正能量！

up》，中文译名《正能量》，该书将人体比作一个能量场，通过激发内在潜能，使人表现出崭新的自我，从而更加自信，更加充满活力。

"正能量"一词也多次出现在国家领导人的讲话中，可见"正能量"已不仅仅是一个流行语，更是具有正面意义的书面用语。当下，人们用"正能量"指代一切健康乐观、积极向上的动力和情感，一切积极的、健康的、催人奋进的、给人力量的、充满希望的人和事，都可被称为"正能量"。

- 网络时代，为什么强调"正效应"

十八大召开以来，国家领导人高度重视社会主义核心价值观和中国特色社会主义文化体系的建设，强调要深化文化体制改革，丰富人民群众的精神文化生活，习近平总书记曾做出要"大力激发社会正能量，为实现'中国梦'提供强大精神动力"的精神指示。在这样的背景下，新媒体环境下的"泛娱乐化"态势有了一定改观，在信息内容与形式上有更多可取之处，积极传播主流价值理念，践行着媒介的社会责任。

对于我们青少年来说，之所以强调传播的"正效应"，是因为我们思维活跃，好奇心强，善于捕捉新鲜事物，但是分辨能力还不够，十分容易受影响。面对网络热点事件，我们出于好奇的心态会加入众多网友热闹的讨论，但是由于我们心智还不成熟，很容易受到各种极端消极观点的左右和影响。我们不得不承认，网络上有部分人的言语戾气十足，充满了对这个国家和社会的恶意评价。他们不允许人反驳，不能接受不一样的观点，也无法与人冷静地沟通交流，他们似乎是所有负能量的集合，如果我们没有认真辨别，被这样的观点和言论迷惑，被他们的负能量抓住，那我们就正中他们的下怀，沦为只知抱怨而不思进取的废柴。所以，即使在网络空间，我们也需要正能量，需要积极向上的互联网化传播！

三、声音

• 正能量信息传递的特点

网络正能量是以社会主义核心价值观为依托,是构建社会主义和谐社会的一种网络途径。而新媒体作为人们休闲娱乐时间获取知识、情感、观点、意见、愿望等碎片化信息的重要媒介,混合着多种多样的价值观和交流信息。正能量信息在复杂的信息传播环境中有哪些特点呢?让我们一起来看看吧。

1. 传播内容多样

新媒体传播内容具有多元化特征,新媒体环境下人人都是信息的生产者、发布者、传播者和受众,每个人都有同等机会参与网络话语场。每一位网民都可通过新媒体表达自己的愿望和诉求,新媒体通过一个个平凡又不平凡的人,向我们传递真善美,传递正能量;同时,在社会热点问题上,新媒体也为我们提供了解事件真相的平台,尤其是我们最关心的教育、医疗、扶贫、环保、灾难、公益等事件。

2. 传播形式立体

新媒体的信息传播是基于互联网,借助先进的传输技术在受众与传播者之间形成的一种互动关系,不同于传统媒体的单向传播,新媒体在信息传播内容、形式和结构等方面更加有层次,传播者通过内容安排和结构选择对不同受众进行不同样的信息传递,受众通过在线互动可以更全面、更广泛、更深入的了解传播者提供的信息。这种立体式的传播形式,实现了网络用户之间信息资源等的平等交流。如今日头条、映客直播、花椒直播等平台推出了"百万英雄""芝士超人""百万赢家"等直播答题产品,各平台通过差异化定位,以自制内容赢得用户的关注。

3. 传播途径多样

在新媒体环境下很多人的信息都是从网上获取,为满足网民多样化的信息获取方式,新媒体技术也呈现多样化的传播方式。新闻网站报道通过专题报道党和政府的重大决策部署,弘扬社会主旋律,通过集中报道社会热点和群众关心,引领社会思潮。短视频借助自媒体平台强大的

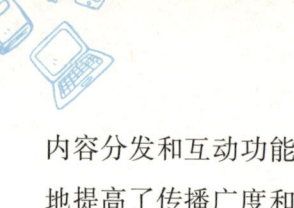

内容分发和互动功能，在不同的"圈层"中形成了"口碑传播"，极大地提高了传播广度和深度。如《致敬！人民英雄》短视频引发网民对于崇尚英雄的共鸣，《朗读者》《中国诗词大会》通过文化综艺的形式，向大众传递爱国主义情怀。直播类平台通过当红主播直播党建、民生、环保、文化、公益等内容，积极弘扬社会主义核心价值观。社交网站论坛、微博、微信等通过网民与网络大V或各用户之间一对一的互动传播正能量。

• 正能量传播的"困境"

1. 正能量内容易相同

在网络媒体时代，面对互联网信息内容多元、虚假信息泛滥，我们更愿意接收客观而真实的信息。尤其是传播正能量的文章和报道，我们更愿意看到一些走心的文章。但在现实中部分商业网站正能量新闻更多的是复制和转载国家新闻网站的内容，换汤不换药，缺乏二次编辑和创新。重复接收同一条信息我们会产生免疫力，不仅不会产生共鸣，反而制约着网络新闻的健康发展，使新媒体难以发挥它应有的价值和功能，降低单位信息价值。

2. 正能量"泛娱乐化"

随着新媒体的迅速发展，网络空间成为娱乐的滋生地和狂欢地，网络上一切的话语和信息都日渐以娱乐的形式出现。在各行各业弘扬主旋律传播正能量的当下，影视作品、综艺节目还是文艺工作者都喜欢使用正能量吸引观众眼球。有些媒体平台或用户为博得受众点击量和点赞量，哗众取宠，远离事实真相，将我们的文化品位引向低俗，误导社会风尚。有些新媒介平台惯用"原创"二字作为看点而不管内容本身，有些自媒体充当标题党吸引受众眼球，为了增加关注度和点击量传递负面、低俗的信息。在娱乐化加剧的时代，娱乐更需要底线，正能量不是娱乐，必须警惕泛娱乐化解构一切。

四、拓展

随着互联网时代的到来，网络已成为信息传播、生活娱乐、互动交流的重要载体，也成为我们学习知识、获取信息、交流思想、休闲娱乐的重要平台。但互联网上信息量大，内容繁杂，我们可能会容易受到网络的负面影响，身心健康遭到损害，世界观、人生观、价值观发生偏离。那么我们怎样养成健康文明的网络生活方式呢？

1. 要树立正确网络道德观

自觉遵守宪法和互联网相关法律法规，树立正确的网络道德观，自觉抵制各种网上不良行为，养成文明上网良好习惯，不造谣、不传谣、不信谣，不跟风炒作；不制作、不传播危害国家安全和社会稳定、违反法律法规以及淫秽、色情、迷信等有害信息；不点击不健康网站，不运行带有凶杀、色情内容的游戏，未成年人不进入营业性网吧。

2. 要增强安全上网意识

了解网络安全的重要性，增强网络安全意识，监督和防范不安全的隐患，维护正常的网络运行秩序。上网时要增强自我保护意识，提高明辨是非的能力。上网时不能偏听偏信，不随便约见网友，不随意打开不明网站，不轻易在网上透露个人隐私和重要身份信息，自觉遵守网络规则，维护网络安全。

3. 要合理使用网络

充分运用网络优势，吸取知识，不沉迷于网络，要健康用网，理性用网，加强自律，不沉溺虚拟时空，正确处理好上网与学习、生活的关系，自觉以学习为重，利用网络资源学习有益知识，提升自身素质，塑造美好心灵，营造网络文明新风。利用暑假时间多进行户外活动、参加夏令营、兴趣班等积极向上的活动。

4. 要培养广泛兴趣爱好，切勿沉溺网络

要积极参与小发明、小创造、小制作、阅读、绘画、书法、摄影、学雷锋、体育锻炼、社区实践等具有实践性、公益性活动。通过形式多样、内容丰富的科技创新、文艺、体育和社会实践等活动，培养兴趣、提高能力、增长知识、开阔视野，不过度沉溺网络。

　　让我们信守倡议，从现在做起，从自我做起，坚持自尊、自律、自强，努力弘扬网络文明，追求积极向上的网络新生活，共同携手营造风清气正的网络空间。

第二节 用好互联网，技巧让传播能量增长

一、聚焦

"丁零零……"随着清脆的下课铃声响起，初二（3）班的郑老师合上了书本。在结束课堂之际，她神秘地边笑边对班里的同学们说："在这个草长莺飞的春天里，我们学校将举行一场以'弘扬中华传统文化，传承中华美德'为主题的活动。学校要求每个班都参加，活动结束将会评选出前三名，第一名将会获得流动红旗和'大礼包'哦，欢迎大家踊跃参与！"话音刚落，班里便传来大家的讨论声。小明说："中华传统文化与美德是五千年中华文明的历史积淀，是我国传统美德文化的精华，是中国人的一种崇高精神和道德追求，这样的活动真是太有价值了！"郑老师接着说："既然你这么热情，那就由小明同学作为我们班里的'总策划'，带领同学完成这次的活动，大家集思广益，有想法的积极讨论哦！"

接着，班里的气氛便开始躁动起来。小刚戳戳小明，说："哎，你有想法吗？"小明得意地笑了笑，说"现在不是都互联网时代了嘛，咱们就给他来个'互联网＋多媒体'，表现形式多种多样又不失生动有趣，肯定能拔得头筹！"

之后的几天中，只见小明忙前忙后，一会儿安排小静布置黑板报，一会儿让小刚去图书馆借书，一会儿利用课间时间在网上搜索资料制作PPT。

回了家小明也不闲着，跟着在大学学习新闻学的姐姐讨论"互联网"……

转眼就到了活动的最终展示阶段。面对讲台下面的检查小组，小明作为主讲人胸有成竹地站在讲台上，他慷慨激昂地讲道："自古以来，我们中华民族是一个讲究传统美德，人人具备礼仪修养的国家。勤劳勇敢的中华民族创造了辉煌灿烂而又独特的文化，使每一个中华儿女都是文明的受益者、承载者、传播者。每一位中华儿女都有责任、有义务弘扬中华民族优秀传统美德。"接着，他打开了精心制作的PPT，给大家介绍了《孟母三迁》《孔融让梨》等中华传统小故事。

在最后，小明向大家展示了一个特别的"网络链接"，这个链接点进去竟然是大家一起制作的"初二（3）班弘扬传统文化互动小网页"，这个网页分为"爱己""爱人""爱团体""爱家人""爱国"等部分，每个部分都穿插着从古至今相应的典故、诗词，不仅有文字和图片，还有视频资料和互动小游戏……小明介绍道："这个庞大的工作是由班里的所有同学一起完成的，这个网页凝聚着初二（3）班所有同学对"弘扬中华传统文化"的理解。我认为，团结互助也是中华传统文化中重要的一环，感谢学校举办的这场活动，让我们在准备的过程中体会到它的意义，我们将会继续维护这个网页，不断往其中添加新的内涵，为弘扬中华民族传统文化贡献自己的力量。"

话音刚落，班级里便响起了阵阵掌声，评委小组的陈老师说："你们做得很棒！这次活动的演讲形式也匠心独运，别出心裁，巧妙地运用了互联网，值得夸奖！正如大家所理解的，中华传统文化是我们民族文化的重要载体，是中华民族悠久文化的瑰宝，也是中华民族生生不息、团结奋进的不竭动力。希望同学们作为新时代的接班人，传承中华文明，大力弘扬中华民族传统美德，在实践中学习优秀品质，让中华传统美德发扬光大。"

好的故事需要一个恰当的讲述方式，因为好的展示技巧能让我们的叙述内容锦上添花，达到更好的效果。如同小明和同学们利用"互联网+传统文化传统美德"的技巧，让大家在学习和了解中华传统文化和中华美德时不局限于文字和图片，更加生动也更具有互动性，大家能获得更好地参与感和互动感，才能有更好的效果。"工欲善其事，必先利其器"，我们要想利用互联网发表自己的观点，传递自己的价值观，要想达到预期的效果我们就要"利其器"，也就是提升我们的传播技巧，下面就让我们一起来聊一聊传播技巧那些事儿！

二、解析

- 从烽火狼烟到互联网

信息传播是自然界和人类社会的普遍现象，凡是有物种和生命存在的地方就会有信息传播，人类的信息传播是自然界和人类社会长期发展的产物。从原始时代的结绳记事到现如今的信息化交流，以前人们需要几天乃至于几个月间才能传递的消息，现在我们一条微信或者一封邮件就可以解决。文字的记录以及传递方式，随着时间的推移不断发展。

古代所能利用的信息传递方式主要有飞鸟传书（飞鸽传书、鸿雁传书、飞雁传书）、驿传（快马加鞭）、烽火、狼烟、旗语、灯光（三打祝家庄、孔明灯）等等。古代信息传递的出现离不开"上下五千年，纵横十万里"的长城。修筑高高的烽火台，当发现敌人入侵时，便立即点燃烽火台上的柴草，利用烽烟来传递敌情信息，召集军队前来援助。利用骑马传送信息的方法，在全国各地设置驿站，着专人接力传递信件等等。

19世纪中叶以后，随着电报、电话的发明以及电磁波的发现，人类的通信领域产生了根本性的变革，实现了利用金属导线来传递信息，通过电磁波来进行无线通信，使神话中的"顺风耳""千里眼"变成了现实。从此，人类的信息传递可以脱离常规的视听觉方式，用电信号作为新的载体，同时带来了一系列技术革新，开始了人类通信的新时代。

我们从以前"联系基本靠吼，治安基本靠狗"的年代到如今的信息爆炸的互联网时代，我们身边接收与传递信息的工具也在不断发展变化。

在信息冗杂的互联网时代，掌握好一定的传播技巧有助于我们的声音被大家"听见"，使事件得到更多的关注，更有效率地完成人与人的交流。

• 什么是传播技巧

传播技巧是在说服性传播活动中为有效地达到预期目的而采用的策略方法。比如，一篇文章是由主题、观点、材料、论证等要素构成的，在主题和观点确定的情况下，如何安排材料、进行论证、提示结论，就成了制约文章内容说服力的重要变量。传播技巧包括内容提示法、说理法和诉求法等。

传播技巧是影响传播效果的重要因素，不仅可以用在回答基础问题中，还可以灵活应用于新闻、传播、广告、公关等各个领域中。例如宣传政策路线、国际传播、新闻发布、广告文案、危机公关等，只要涉及"怎么说"，就要联想到传播技巧。

三、声音

• 传播技巧与传播效果

通常情况下，传播技巧影响着传播效果，大众传播根据环境、传播对象、时间等等采取不同的传播技巧。

1. 一面提示和两面提示

一面提示指的是只向受众提供自己的观点或对自己有利的判断材料，两面提示指的是在向受众提示自己的观点和对自己有利的判断材料时，也会向受众提示对立面的观点或不利于自己的材料。

随着互联网的发展，我们获取知识的渠道变得多样，我们能够从多方面搜索得到对立面的观点和立场，因而对之前所接收的一面提示产生怀疑，影响最终的传播效果。但并不是对所有的对象都采取两面提示。由于我们未成年人中还未形成较稳定的三观，"一面提示"这种传播技巧有利于巩固我们的立场和教育，产生较好的传播效果。但是在之后的高等教育中，我们可以接触两面提示，事先产生免疫效果，那么再在接触对立面的观点的时候，就能更深层次地考虑。

2. 明示结论和寓观点于材料之中

在说服对方的时候到底是直接明示结论还是寓观点于材料之后还是要根据不同的对象。明示结论对于受教育程度较低的人来说比较明确简单，能产生较好的传播效果，但是对于受教育程度高的人群来说，寓观点于材料之中是一个比较合适的方式。这种方式使得观点比较隐晦，受教育程度高的人能够根据材料而得出自己的思考和观点，不只是简单的结论。

以经济相关的文章为例，如果一位作者用很多的经济学知识来阐明什么公司值得投资，而没有明确的结论，那么普通的大众很难明白其中所说的重点。但是如果在文章末尾中能够明确指出具体的公司，则会有更好的传播效果。不过对于简单的事件来说，普通大众都明白的道理还明示结论会显得画蛇添足。

3. 诉诸理性和诉诸感情

诉诸感性是在传播的过程中采用感性诉求的方法，诉诸理性是在传播中采用理性诉求的方法。在现代传播中，通常会采用诉诸感性和诉诸理性相结合的方式，简单来说就是动之以情或晓之以理。

诉诸理性和诉诸感情在传播的过程中对传播效果都会产生一定的影响。假如我想跟身边的同学推销一款牛奶，诉诸理性的说法是：这款牛奶采用优质奶源，营养丰富，价格实惠！而诉诸感情的说法是：这是源自内蒙古大草原的味道，让我们在城市的喧嚣中回归本真！以综艺节目《奇葩说》为例，辩论成员分成了两派，一派以黄执中和马薇薇为代表的理性派，一派以范湉湉和肖骁为代表的感性派。在辩论的过程中，无论是理性派的马薇薇还是感性派的范湉湉都能够拉到很高的票数。

4. 恐惧诉求和警钟效果

恐惧诉求指的是用严重的后果来唤起人们的危机意识和紧张心理，从而改变自己的行为。这种传播技巧产生的效果也叫警钟效果。警钟效果的案例在我们的生活中随处可见，比如"吸烟有害健康""没有买卖就没有杀害""行车不规范，亲人两行泪"等等。这些警钟效果能够让

人在恐惧心理的支配下接收传播者的目的和意图从而改变自己的不良行为。但是在警钟效果的过程中应该把握度的大小，不能太过夸张而造成人群的混乱和社会的动荡。我们也要警惕有心之人利用这种技巧，夸大事实引发各种恐慌。比如由于过度恐惧心理的影响，造成了大量的人群对盐的疯抢。

传播效果是由多种因素作用而成，传播技巧就是其中之一，分析传播技巧有利于在传播的过程中针对不同的传播情境达到预期的传播效果。

四、拓展

学习了关于传播的"技巧"后，我们可以试着思考一下，用什么方式传播我们的知识最有效？

1. 掌握传播理论

传播理论是一种高于事实、"鸟瞰"事实的概括和总结。或者说，这是一种从传播活动的无数事实中抽象出来的、并以扬弃的方式保持事实本来面貌的较为系统的思想认识，也是一门有独立完整结构的、并从属于传播实践的知识集结和科学体系。因此，它对传播实践包括传播技巧的运用具有指导、规范的作用。作为传播者，如果不掌握一定的传播理论和传播知识，就不可能正确地认识传播活动；而不能正确地认识传播活动，就不可能正确地分析传播现象、解决传播问题，亦不可能卓有成效地开展传播活动。

2. 总结历史经验

历史是我们最好的老师。但是，了解人类传播史，不只是了解人们"已谈什么""正谈什么"，还应知道他们"怎么谈"。因为，前人的传播技巧是历史经验的宝贵结晶，是世代相传、继承创新的艺术总汇。如果我们拒绝向前人学习，无视历史经验，抛弃传统技巧，那么我们也许就会一无所有，在传播活动中无所适从。当然，要求总结历史经验、继承传统技巧，并不是要你不加选择地简单地照抄照搬和刻意模仿。"人唯求旧，物唯求新。"（李渔《闲情偶寄》）照搬和模仿是十分有害的，也是没有作为、没有出息的。

3. 深入传播实践

实践是技巧的发源地，技巧是对实践经验的高度概括。没有传播实践，传播技巧就成了无源之水、无本之木，学习和掌握传播技巧也就成了一句空话。传播实践是一部生动的教科书。人们若是只读传播学著作，即使读遍了所有著作，也仍然是只读了其枯燥的一半而丢掉了其生动的另一半。当然，我们要求深入传播实践，并不意味着将从书本上和前人那里学到的已经被提高、优化了的传播技巧，再恢复、还原或降低为实践中的低级形态，而是要对实践中的技巧予以理论上的观照和审视，并在实践中不断发掘技巧、提取技巧、检验技巧和施展技巧。古人曰："尽信书，则不如无书。"学习传播技巧不能只读书不实践，搞本本主义，而必须深入到传播实践中去，让理论接受实践的检验，并在实践中进一步学习、总结和优化传播技巧。

学习和掌握传播技巧不是一朝一夕、一蹴而就的事情，也不是可以从单一途径就能彻底解决的事情，必须坚持不懈，持之以恒，多头并进，全面发展。这里只是简单地跟大家介绍了一些传播技巧，还有更多的技巧等着大家用行动去实践和发掘。我们可以和身边的同学展开一次传播技巧大赛，可以是一次班级内的推销竞赛，大家相互分享自己用过的最实用的学习用品，看看最后谁能成为班级"种草"王！

第三节　守护底线，传播好声音和正能量

一、聚焦

近年来，随着互联网时代的到来，我们获取信息的途径越来越多，言论自由和舆论冲击也在不断提升，整个网络环境也存在着负面能量。在此背景下，我们急需集聚发展正能量，传播中国好声音。接下来，就让我们一起看几个传递中国好声音和正能量的案例吧！

1、中国好故事源于中国好素材

【背景】党的十八大以来，全面深化改革风生水起，全面从严治党激浊扬清，中国经济发展亮点纷呈，中国与世界的互利合作不断推进，为讲好中国故事提供了更多更新的鲜活素材。展形象，就要用好这些鲜活的素材，主动宣介新时代中国特色社会主义思想，主动讲好中国共产党治国理政的故事、中国人民奋斗圆梦的故事、中国坚持和平发展合作共赢的故事，让世界更好地了解中国。近年来，主流媒体着力打造融通中外的新概念新范畴新表述，加强对外传播手段和话语方式创新，把中国故事讲给世界，把中国声音传向全球。

【案例】以2017年5月"一带一路"国际合作高峰论坛召开之际各媒体的产品为例，人民日报社推出被称为"超燃神曲"的《"一带一路"之歌》，通过年轻、时尚、国际化的表现形式，对"一带一路"的历史渊源和当代意义进行解读，让人耳目一新。新华社推出的微视频《大道之行》，运用图片、视频、3D动漫等元素，带人们走进"一带一路"倡议的多彩空间。国际广播电台推出动画短片《小番茄的环球旅行》，体现"一带一路"推进各国交通设施建设的切实合作成果，"小番茄"形象得到海外受众的广泛好评。主流媒体创新对外宣传方式、表达方式和传播手段，突破传统传播限制，开发多种形态的新闻产品，有效提高了中国在国际社会的传播力、影响力。

2、互联网为国际传播提供新阵地

【背景】当前，网络和数字技术裂变式发展，新兴媒体发展之快、覆盖之广、影响之大超乎想象。主流媒体抓住信息网络时代赋予的难得机遇，深入推进融合发展，大力拓展新兴媒体传播阵地，创新全媒体时代的国际传播方式。

【案例】近几年，主流媒体在国际传播领域有着各自的战略布局和动作。《人民日报》的国际传播在海外版与人民网多语种频道之间的有效配合中达到传播效果的最大化；新华社在创新对外话语体系、拓展新兴媒体传播阵地、推进融合发展、构建全方位支持保障体系等方面做了持续不断的投入；中国国际广播电台坚持"移动优先"战略，将多语种优势延伸至移动传播领域，形成多语种移动端媒体集群，实现基于移动互联网的多语种、全球化国际传播；《中国日报》在引进国际领先的"墨素"系统并进行本土化改造的基础上，形成现代化全媒体采编发平台，为融合发展基础上的国际传播提供强大支撑。

随着中国与世界深度融合、相互激荡，讲好中国故事，传播好中国声音，向世界展现真实、立体、全面的中国，成为宣传思想战线的重要使命任务。未来，主流媒体将充分发挥"让世界了解中国"和"让中国走向世界"的窗口与桥梁作用。在全新的媒体生态中，我们也要建立良好的意识，履行"肩负祖国未来发展"的职责和使命，勇敢地向世界表达中国故事，推动建设与国家地位和实力相适应的国际传播。

二、解析

• 何谓"好声音"

党的十九大报告提出，"推进国际传播能力建设，讲好中国故事，展现真实、立体、全面的中国，提高国家文化软实力。"

近年来，我们的媒体不断加强国际传播能力建设，在创新对外宣传方式、创新对外话语表达的同时，加强各类新平台终端建设，整合媒体资源向端上聚集，不断扩大在互联网上的覆盖面和影响力，努力向世界展示真实、立体、全面的中国形象。

• 正能量的准则

曾几何时，网上网下，一片正能量的声音。不论是传统作家、诗人，还是现代文人、网络大V，个个摩拳擦掌，争抢正能量的大旗和高地。那么，什么是正能量呢？

有的人把社会上不同观念的碰撞，描绘为洪水猛兽，喊打喊杀，帽子和棍子到处翻飞。这些貌似正能量的东西，很可能恰恰是负能量。让我们不禁想起王小波先生的一句话，有些崇高比堕落还坏。那么，究竟什么是正能量呢？这里有三个基本准则。

1. 实事求是

说真话，不说假话。说真心话，不说违心话。说实在话，不说糊涂话。不胡说八道、不编造事实、不以假乱真、不指鹿为马、不搞任何假大空。好就是好，不好就是不好；进步就是进步，落后就是落后。指出社会阴暗面，提出问题，只要真实，就是正能量。相反，以丑为美，掩盖问题，胡说八道，恰恰是负能量。同样道理，指出社会文明、进步、发展的一面，也是正能量。只要实事求是，不浮夸，不自大，也要肯定。

2. 遵法守约

国有法律，违法必究。不能在法律之外侮辱他人，显摆自己。其实，那样做是污染了自己的文化环境和社会氛围。更严重的是，如果针对具体对象，这本身涉嫌违法。一个人即使违法，除了法律制裁之外，不应有其他格外羞辱。比如，一个犯罪嫌疑人被判处死刑，在执行之前，对他的生命同样要给予尊重。国与国之间，企业和企业之间，人与人之间，一定要守约、诚信。守约守信是立身之本，是无形之财富。倡导这些就是正能量。反之，不论任何高大上的理由，如果和守约守信对立起来，都不是正能量。

3. 文明进步

如何识别文明？最简单的办法就是用社会主义核心价值观来衡量。富强、民主、文明、和谐、自由、平等、公正、法治、爱国、敬业、诚信、友善。核心价值观是一个整体，不能割裂开来。有的人喜欢把其中一个或几个词组拿出来，大力弘扬，然后抹杀其他词组，制造对立。这仍然不是正能量。

三、声音

- 讲好中国故事

改革开放以来，中国走向世界的步伐更加积极稳健，已经成为世界第二大经济体的中国，其国际影响力显著增强，随着中国的巨大发展，国家软实力与对外文化传播力成为中国梦进程中不可或缺的因素。新形势下，中国倡导用海外读者乐于接受的方式"讲好中国故事"，对于还原清晰真实的中国图式，传播好中国声音。

历史的传承、现实的发展与未来的规划绘就立体的中国故事。一个好的中国故事必然是真实、立体而全面的，也是拥有核心的叙事逻辑的，既要有大历史的磅礴叙事，也要有对当下社会问题的贴心关照，更要有对未来中华民族伟大复兴的宏伟蓝图和切实规划。讲好中国故事首先应学会讲述中国故事，讲好中国故事的实现并不是中国故事的简单相加，其中包含着诸多的技巧与手段。让我们一起来学习一下吧！

1. 讲述中国故事的可能性

近年来，中国积极参与国际竞争，开展国际合作，在政治、经济、文化、社会等方面的发展与进步有目共睹，创造了一个又一个举世瞩目的中国奇迹，其发展的背后支撑是一种不同于西方国家的道路和制度，中国在这条道路上的巨大成功证明：我国有能力做好自己的事情，就一定有能力讲好我们自己的故事。

2. 讲述中国故事的原则

讲述中国故事是讲好中国故事的前提，讲什么样的故事直接关系着对外传播的实际效果，有针对性的选取中国故事将使对外传播达到事半功倍的效果。首先，讲述中国故事应坚持立足基层的原则；其次，讲述中国故事应坚持情感共鸣的原则；最后，讲述中国故事还应坚持价值传播的原则。

3. 讲好中国故事

把中国故事讲好，不仅要将中国的历史底蕴、发展之道阐释清楚，还要注重讲述的方式方法，正如孔子所说："远人不服，修文德以来之。"讲故事展现的是一个国家文化软实力的强弱，讲好中国故事能为中国赢得更多信任与支持。当前在努力实现"中国梦"的背景之下，讲好中国故事不仅是必要的，更是必需的。由于体制内外的各种因素，中国在讲好中国故事方面存在诸多问题，深刻剖析存在困境的原因，并给出针对性的解决措施对于发挥中国故事的积极作用具有重大意义。

四、拓展

作为青少年的我们，如何传递中国好声音、弘扬中华正能量呢？

"正能量"指的是一种健康乐观、积极向上的动力和情感。现在，中国人为所有积极的、健康的、催人奋进的、给人力量的、充满希望的人和事，都贴上了"正能量"的标签。它已经上升成为一个充满象征意义的符号，表达着我们的渴望、我们的期待。那么我们可以为实现这一梦想做哪些努力呢？

1、做好自己，让自身充满正能量

正所谓"一屋不扫，何以扫天下"。今天，我们的社会道德领域存在着一些知行脱节的现象。比如，一方面抱怨"人心冷漠"，一方面又告诫自己"少管闲事"；一方面抱怨别人不守公德，一方面又时常纵容自己。这种相互矛盾的"双重标准"，正是时下道德水准滑坡的原因之一。正因为如此，我们要从自身做起，从小事做起，为我们的班级、我们的学校、我们的国家、我们的民族做更多的事。

2、创建安全、稳定、文明、有序的校园，让校园充满正能量

每个班级都是学校的缩影，每个学生都代表学校的形象，每寸校园都代表学校的面貌。那么，如果每位同学们都能做到语言文明、行为文

明，在校内不乱丢杂物、不吃零食、不欺负同学，创建安全、稳定、文明、有序的校园氛围，那么校园必将充满正能量，进而能为实现中国梦培养更多人才。

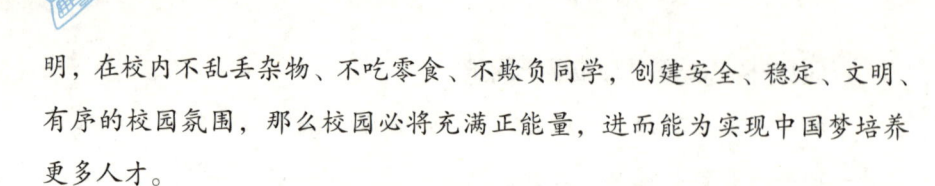

3、创立认真、勤奋、刻苦、求实的学风，让学习充满正能量

所处学风于一个学生来说是至关重要的，那么我们要如何在全校创立一种优良的学习风气呢？我觉得凡事必须从"认真"开始，如认认真真地读书、认认真真地上课、认认真真地完成作业，学业成功的过程离不开勤奋和刻苦。正所谓"书山有路勤为径，学海无涯苦作舟"，"宝剑锋从磨砺出、梅花香自苦寒来"。前人的劝诫之词无时无刻地激励着我们，我们应该让我们的学习也充满如此的正能量。

天下兴亡，匹夫责任，我们挑着民富国强的重担，我们要用自己的汗水传递少年的正能量，用自己的信念托起幸福的"中国梦"。

后 记

  本书由重庆工商大学文学与新闻学院院长王仕勇教授指导，重庆工商大学文学与新闻学院教师魏静、重庆工商大学文学与新闻学院新闻传播学研究生马逸凡、王文静、谢铭懿撰写。本书围绕"互联网传播"这一话题展开，全书共六章。具体撰写工作分配如下："给青少年的一封信"、第一章、第二章由魏静完成；第三章、第五章第一节由王文静完成；第四章、第五章第二节由谢铭懿完成；第五章第三节、第六章由马逸凡完成。王仕勇教授负责把握全书的写作方向和框架指导，魏静负责统稿、校对和修改工作。西南师范大学出版社雷刚编辑对本书的撰写及修改提出了诸多宝贵意见。

  在写作过程中，我们参考了与互联网传播相关的书籍、论文及网络资料，尤其是书中的一些术语解释和有关网络技术的讨论等引用了专家学者的观点、相关机构的报告及网络资料。在此，我们对上述文献资料的作者和机构表示诚挚感谢。

  互联网的发展日新月异，传播的方式也不断更迭出新，因写作篇幅有限以及作者经验与能力的不足，本书只能选取有代表性的互联网传播

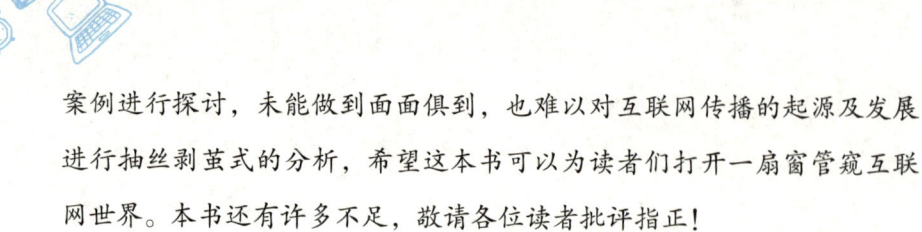

案例进行探讨，未能做到面面俱到，也难以对互联网传播的起源及发展进行抽丝剥茧式的分析，希望这本书可以为读者们打开一扇窗管窥互联网世界。本书还有许多不足，敬请各位读者批评指正！

编者于重庆工商大学

2021 年 5 月